gelöscht

Christian Wulff
Ich mach' mein Ding!

Christian Wulff

Ich mach' mein Ding!

Ein politisches Porträt
von
Karl Hugo Pruys

Mit 20 Abbildungen

edition q

Die Deutsche Bibliothek – CIP-Einheitsaufnahme:

Pruys, Karl Hugo : Christian Wulff – Ich mach' mein Ding! :
ein politisches Porträt / Karl Hugo Pruys. – Berlin: Ed.
q, 2002
ISBN 3-86124-559-0

Coverentwurf: Martin Lehmann, Berlin
Umschlagfoto: Frank Ossenbrink
Abbildungen: Frank Ossenbrink/Archiv Wulff

Druck und Bindung: Ebner & Spiegel, Ulm
Printed in Germany

ISBN 3-86124-559-0

Inhalt

6

Vorwort

Ein Mann für jede Jahreszeit...

Christian Wulff (43) gehörte in den 90-er Jahren neben Roland Koch (Hessen), Peter Müller (Saarland) und Ole von Beust (Hamburg) zu den „jungen Wilden" in der CDU. Sein politisches Auftreten konnte und kann man zwar nicht wirklich „wild" nennen, doch zählt er – und darauf spielte die Metapher indirekt an – zu den Hoffnungsträgern einer Partei, die beim lang andauernden Regieren im Bund ein wenig müde geworden zu sein scheint.

Die Ära Kohl ist nun seit wenigen Jahren endgültig begraben; sie darf gleichwohl zu den erfolgreichsten in der Geschichte der Bundesrepublik Deutschland gerechnet werden. Der Niedersachse Wulff hat mit ihr wegen Helmut Kohl nur mühsam seinen Frieden machen können. Das hat Gründe, die in der Person dieses früh an den Start gegangenen Osnabrücker Anwalts liegen, und die für sich selbst sprechen: unbestechliche Intelligenz, Behutsamkeit im Umgang mit Menschen, ausgeprägtes Rechtsempfinden und strikte Beachtung demokratischer Gepflogenheiten – letztere sind ihm heilig. Zweimal kandidierte Christian Wulff für das Amt des Ministerpräsidenten von Niedersachsen; beide Male verfehlte er sein hoch gestecktes Ziel, allerdings unter Bedingungen,

die seine Niederlagen leicht erklären können: Denn ein Amtsinhaber vom Kaliber Gerhard Schröder war zu bezwingen,
was schon 1994, erst recht aber 1998 – als man mit der Landtagswahl zugleich über den Kanzlerkandidaten der SPD entschied – dem CDU-Herausforderer nahezu unmöglich
schien. Wulff tritt nun ein drittes Mal an, dieses Mal aber mit
ungleich günstigeren Aussichten. Da die Bundestagswahl für
die Union verloren gegangen ist, könnte der traditionelle Pen-
delschwung nach rechts in den Bundesländern sich in einen
Vorteil für Wulff verwandeln. Nebenbei: Die Sozialdemokratisierung unserer Republik hat mittlerweile eine gerade
noch erträgliche Ausdehnung erfahren. Der Wähler dürfte
ein lebhaftes Interesse daran entwickeln, diesen Zustand
nicht weiter zu strapazieren.

Unter dieser Annahme hat Christian Wulff klar umrissene
Vorstellungen von einem Wahlkampf gegen die Neuauflage
des rot-grünen Regierungsbündnisses in Berlin, die jetzt am
Werke ist. Er will den Wählern vor Augen führen, „dass Rot-
Grün arm macht" und auch deshalb keines der großen innen-
politischen Probleme lösen werde.

Noch vor Weihnachten stellt Wulff daher Kandidaten für die
Ressorts einer von der CDU geführten Landesregierung in
Hannover vor, die sämtlich besser sein sollen als das amtie-
rende Kabinett unter dem Sozialdemokraten Sigmar Gabriel.
Gelingt Wulff dieser Schachzug, könnte er mit kräftigem
innenpolitischen Rückenwind am 2. Februar 2003 den Haus-
herrn im Leineschloss besiegen und eine Koalition mit den
Liberalen, wohl nicht mit den Grünen bilden, die für die CDU
allerdings nicht mehr völlig tabu sind.

Wulff verfügt über viele Talente, die ihn für Niedersachsen
und darüber hinaus unentbehrlich machen: Er ist kompetent

und dabei eloquent und vertritt seine Ansichten mit einer Hartnäckigkeit in der Sache, die an Sturheit grenzt; doktrinär aufzutreten wäre freilich unvereinbar mit seinem Stil, der auf Verbindlichkeit und Verträglichkeit gestimmt ist. Er hat einen Bekanntheitsgrad, der fast genau so groß ist wie der seines landespolitischen Gegenspielers. Wulff war schon für alles Mögliche im Gespräch, ein CDU-geführtes Bundeskabinett eingeschlossen. Der letzte Landesparteitag im August 2002 bestätigte ihn mit beinahe anstößigen 93,8 Prozent im Amt des Vorsitzenden. Bedeutende Teile der niedersächsischen Presse ziehen daraus, wie ich finde, den zutreffenden Schluss, dass die CDU in Niedersachsen auf mittlere Sicht keinen besseren Spitzenmann aufzuweisen hat als eben diesen Mann, der auf dem Weg nach oben täglich die Formel lebt: „Ich mach' mein Ding!"

Er hat nach anfänglichen Zweifeln sehr rasch diesen Weg genommen und über gelegentliche Nackenschläge und Seitenhiebe kaum vernehmlich geklagt. Wulff wurden mancherlei Ehrungen zuteil; niemals gaben sie ihm Veranlassung, Eitelkeiten zu pflegen, die ihm verhasst sind. Beispielsweise berief ihn das angesehenste internationale Experten-Gremium des WEF (World Economic Forum) in Davos in den öffentliche Aufmerksamkeit erheischenden Kreis der „Leaders for Tomorrow", was ihm schmeichelt, doch nicht zu Werbezwecken ausgenützt wird. Gleiches gilt für die Schirmherrschaft der DRSG (Deutsche Multiple Sklerose Gesellschaft). Er ist bieder, doch unterhaltsam, wenn es heiter zugeht. Er lacht überhaupt gerne und genießt das Leben, soweit es sein Terminkalender zulässt. Politik ist, wie er nicht müde wird zu betonen, kein Selbst- und Endzweck. Ungeachtet dessen muss sich die dreiköpfige Familie, darin dem Gesetz der modernen Zivilisation folgend, ihren Anspruch auf Lebensqualität täglich neu erkämpfen. Dem (katholischen) CDU-Politiker niedersächsischer Provenienz geht es da nicht anders als seinen Mitbewerbern in den sonstigen politischen Lagern. Das Beste vielleicht, was sich von ihm sagen ließe, ist: Wulff widersteht tapfer jeglichen inneren oder von außen an ihn herantretenden Anfechtungen und/oder Irritationen. Erschüttern kann diesen Mann mittleren Alters, der bereits über so viel Politikerfahrung verfügt, schon lange nichts mehr. Bereits in früher Jugend ist ihm das Leben nicht leicht gemacht worden. Familiäre Schicksalsschläge erschwerten es dem einzigen Sohn und seiner jüngeren Schwester, sich und die kranke Mutter psychisch und materiell über Wasser zu halten. Dafür ist ihm später manches zugeflogen, wovon er zuweilen heute noch zehren kann.

Seinen Freunden erscheint er wie einer, der darauf bedacht ist, dass ihn die großen Gefühle niemals übermannen. Trotzdem ist er nach aller Erfahrung, die man mit ihm machen kann, furchtlos und zuversichtlich. Sein Gleichmaß der Empfindungen beruht auf Selbstbeherrschung und Selbstschutz. Der englische Dramatiker Robert Bolt nennt seinen Helden Thomas More einen „Mann für jede Jahreszeit". Das trifft, scheint mir, auch auf Christian Wulff zu. Nach dieser Devise wird ihm der Winter 2002/3 nichts anhaben können.

Bonn, im November 2002   Karl Hugo Pruys

10

Christian Wulff

Porträtiert von Karl Hugo Pruys

Greife niemals in ein Wespennest...

Sein Familienname leitet sich vom gotischen „wulfs" her, was „Wolf" bedeutet. Doch bis jetzt hält es kaum jemand für möglich, dass der Wolf auch beißen kann. Zu smart, zu weich und verbindlich erscheint der 43-jährige Osnabrücker Rechtsanwalt mit dem Charme des ewigen Klassenprimus jenen, die wenig Übung darin haben, genauer hinzuschauen. Selbst professionelle Beobachter, zu denen wir für gewöhnlich Journalisten zählen, haben sich schon täuschen lassen: Christian Wulff, die Nummer 1 der CDU in Niedersachsen, gilt manchem Bundesbürger tatsächlich noch als politisches Leichtgewicht vom Typ „Mutters Lieblingsschwiegersohn", und vielen anderen ganz einfach als der „gute Mensch aus Niedersachsen".

Weshalb man dies nicht einfach nimmt wie's nun einmal ist, mag in den landläufigen Vorstellungen von Politik als einer prinzipiell üblen Angelegenheit begründet sein. Denn die berühmten „Ecken und Kanten" pflegt man vorzugsweise an jenen Leuten hervorzuheben, die ansonsten wenig Erfreuliches zu bieten haben. Und so verhält es sich auch mit dem angeblich fehlenden „Biss". Denn die Wahrheit ist: Wulff kann tatsächlich die Zähne zeigen. Er hat sie schon oft gezeigt, und

11

es besteht kein begründeter Zweifel daran, dass er es wiederum tun wird – sofern es die Umstände erfordern. Wulff hat im Jahre 2000, zwölf Monate vor dem hessischen Ministerpräsidenten Roland Koch, das Thema „Modernisierung des Arbeitsmarktes" und „Arbeitsplatzbeschaffung nach amerikanischem Muster" (Wisconsin!) aufs Tapet gebracht. Nur wenige nahmen dies zur Kenntnis, weil es offenbar nicht zum „Typus Wulff" passte, sondern eher zu dem vermeintlichen Rechtsaußen an der CDU-Spitze. Deshalb ging das von Wulff angestoßene Thema zunächst einmal unter, weil die Öffentlichkeit es nicht wahrhaben mochte. An Wulffs Verdienst, als erster auf diesen interessanten Sachverhalt aufmerksam gemacht zu haben, ändert das freilich überhaupt nichts. Auch über Fragen von Integration und Zuwanderung hat sich der angeblich so Zartbesaitete oft herzhafter ausgelassen als diejenigen in der Partei, die sich einer kräftigen Sprache und ebenso unvermittelter Entschlusskraft rühmen. Es gehört zu jenen meist unentdeckten Tatsachen, aus denen wir die Gründe dafür ableiten, dass dieses Buch geschrieben werden musste.

Wer Christian Wulff, den Spitzenkandidaten der niedersächsischen CDU, näher anschauen möchte, wird sich etlicher Vorurteile entledigen müssen. Der Mann ist ganz offensichtlich bis heute falsch eingeschätzt geworden, was vordergründig seinem blendenden Erscheinungsbild geschuldet sein dürfte. Der Autor schließt sich da nicht völlig aus. So hofften CDU-Anhänger in den frühen 90-er Jahren auf den so genannten Clinton-Effekt, der sich aus historischen Gründen unterdessen erledigt hat; nicht wegen Wulffs leicht geändertem Äußeren. Es bleibt indessen richtig: Wer im bürgerlichen Lager immer noch meint, dieser mal fröh-

Beim Fototermin.

lich, ein andermal eher spröde wirkende Katholik aus
Deutschlands überwiegend protestantischem Norden sei
nicht Manns genug, abgebrühte Politik-Profis aus ihren Sät-
teln zu heben, könnte sich schon bald eines Besseren belehrt
sehen. Wulff gehört zwar nicht zu den Menschen, die ohne
anzuklopfen einen Raum betreten. Denn er ist wohlerzogen
und von erprobter Disziplin, was aber nicht heißen soll, dass
er einem Widersacher seine Gegnerschaft aus falscher Rück-
sichtnahme verschweigen würde. Überdies hat das berühmte Wort vom „Menschen, der mit seinen Pflichten wächst"
im Falle Wulff seine Gültigkeit nicht eingebüßt. Einer von
vielen Belegen für diese These: Im Januar 2000, auf dem Höhepunkt der CDU-Krise um die so genannte Spendenaffäre,
fragte die BILD-Zeitung ihre Leser danach, wer der Partei
am ehesten aus dem Stimmungstief heraushelfen könne?

13

Und eine klare Mehrheit entschied sich für Christian Wulff. Vielleicht nicht eben repräsentativ, aber ein ebenso schönes wie glaubhaftes Indiz dafür, dass der Niedersachse einst allem und jedem in der Christlich-Demokratischen Union etwas voraus haben könnte. Mit einem Wort: Man traut ihm Führung zu. Auf der höchsten Ebene.

Der Gymnasiast Christian will früh erkannt haben, was zu seinen Pflichten zählen würde. Öffentliches Leben, Demokratie und Verfassungswirklichkeit sind für den politisch Interessierten längst nicht mehr nur Leerformeln. Mit gerade 18 Jahren kämpft er sich an die Spitze der damals noch taufrischen Schüler-Union, mit Sitz im Bundesvorstand der Mutterpartei. Er unternimmt alle Karriereschritte so rechtzeitig, wie es ihm notwendig erscheint, einen raschen innerparteilichen Aufstieg nicht zu verpassen. Dies gilt für seine Mitgliedschaft im Bundesvorstand der Jungen Union, in dem fast alle heute führenden CDU-Politiker in ihrer Jugend einmal ihre Stimme erhoben haben. Oder für die Kommunal- und Landespolitik.

Neben dem Studium der Rechtswissenschaften verfolgt der angehende Anwalt eine Karriere im Rat der Stadt Osnabrück, wo er 1989 – noch vor dem Zweiten Staatsexamen – zum Fraktionsvorsitzenden seiner Partei und damit zum Vormann einer Einstimmenmehrheit aus CDU und FDP gewählt wird. Schon dort lernte er einen besonders fairen und verlässlichen Umgang mit den Liberalen. Bei aller Anstrengung galt für ihn: „Lieber zu 80 % mitregieren als zu 100 % opponieren." Wulff weiß frühzeitig den Wert von Ämtern einzuschätzen, von denen Wirkungen in viele Richtungen ausgehen können. Dennoch lässt er offenbar manches aus, das ihm angetragen wird. So signalisierte er frühzeitig 1983, nicht Nachfolger des JU-Bundesvorsitzenden Matthias Wissmann werden zu wollen, sondern den Rheinland-Pfälzer Christoph Böhr zu unterstützen. 1985 gibt er das Amt des JU-Landesvorsitzenden in Niedersachsen vorzeitig in andere Hände, um sich auf gute Staatsexamina vorzubereiten. Während seiner Referendarzeit wollte der niedersächsische Umweltminister Dr. Werner Remmers ihn zu seinem Nachfolger als einflussreichem CDU-Bezirksvorsitzenden Osnabrück-Emsland machen. Aber Wulff bestand darauf, erst beruflich unabhängig zu sein. Als er dann als Rechtsanwalt tätig war, klopfte Werner Remmers erneut an und Wulff nahm seine Nachfolge dann 1990 mit einem überragenden Vertrauensbeweis an. 1992 wurde er mit fast 100 % als Bezirksvorsitzender Osnabrück-Emsland wiedergewählt, was sicher begünstigte, dass man auf ihn stieß, als 1994 ein Spitzenkandidat für das Amt des Ministerpräsidenten gesucht wurde.

Manches Amt steuerte er aus eigenem Antrieb beharrlich an, um darin seine Talente zu erproben. Dazu gehörte sicher das Amt des stellvertretenden CDU-Bundesvorsitzenden in Deutschland, das er nach Ablösung der Kohl-Regierung 1998 errang, nachdem er sich unverzüglich der Unterstützung der norddeutschen Landesverbände als auch der „jungen Wilden" versichert hatte. Bis zum Tag nach der zweiten Wahlniederlage war er nämlich nur zwei Mal ins Präsidium der Bundespartei als Gast eingeladen worden: 1994 und 1998, jeweils am Tag nach der verlorenen Wahl. Er hatte sich geschworen, dass er demnächst im Führungsgremium der Partei vertreten sein würde, wenn es um seinen dritten, letzten und entscheidenden Anlauf gehen würde. Insofern wurde er nach seiner zweiten Teilnahme am Parteipräsidium, morgens

15

in Bonn, dann am selben Tag nachmittags in Hannover im Landesvorstand als stellvertretender CDU-Bundesvorsitzender nominiert.

Diese Zeit von 1998 bis 2000 als Stellvertreter Wolfgang Schäubles bezeichnet er selbst als die lehrreichste. Die Neuaufstellung der Union nach der Niederlage in der Opposition, die Unterschriftenaktion gegen die generelle doppelte Staatsbürgerschaft, die Nominierung von Dagmar Schipanski zur Bundespräsidentin – alles wurde gemeinsam besprochen und durchgesetzt. Von Schäuble will er gelernt haben, dass man nie den übernächsten Schritt vor dem nächsten tut. Dass man sich nie so wichtig nehmen und nie seine Möglichkeiten überschätzen sollte. Wer die Backen aufbläst, muss anschließend auch pfeifen können. Lebhaft in Erinnerung ist ihm, dass die Union sich wohl zu Recht aufregte, dass zwei Kommissare für die Europäische Kommission von Grünen und SPD vorgeschlagen werden sollten, um damit von einer langjährigen Übung der Kohl-Zeit abzuweichen, dass nämlich ein Vertreter des Regierungslagers und ein Vertreter des Oppositionslagers Deutschland in der Kommission vertreten sollten. Es wäre ein Leichtes gewesen, diese Ungerechtigkeit öffentlichkeitswirksam zu thematisieren, aber Wolfgang Schäuble wies darauf hin, dass es dann wenig Sinn mache, wenn man sich am Ende nicht durchsetzen könne, denn dann würde Schröder einen vermeintlichen Sieg nach Hause fahren. Es kam dann so, dass sich Schröder durchsetzte, ohne dass dies etwa als großer Erfolg wahrgenommen wurde. Der Grund: Schäuble hatte frühzeitig auf die Mehrheitsverhältnisse und Realitäten hingewiesen, so dass die Union sich hier nicht verrannt hatte.

Wer sich in die Politik begibt, kommt nicht – wie das hässliche Sprichwort sagt – „darin um", sondern immer weiter voran. Vorausgesetzt, man hat etwas drauf. Wulff war von jeher vielseitig und weitläufig interessiert. Man könnte ihn, konventionell gesprochen, als „ausgesprochen neugierig" bezeichnen. Plötzlich sieht sich ein unzweideutiges Maskulinum 1990 neben vielen anderen Themen für „Frauenpolitik" zuständig, nämlich im CDU-Bundesfachausschuss dieses Namens, von dort berufen, nicht etwa dafür benannt. Und schließlich wird der Modernisierer des Sozialstaats mit der Leitung der CDU-Präsidiumskommission „Sozialstaat 21 – Arbeit für alle" beauftragt und später als CDU-Vertreter bei den Rentenkonsensgesprächen, obwohl – oder gerade weil – er als freiberuflich tätiger Jurist etwas von selbstverantwortlichem Arbeiten versteht. Wulff packt häufig das an, was andere zu lange haben liegen lassen, jedenfalls nach seiner Meinung permanent sträflich vernachlässigen, also das, was unbedingt getan werden muss. Trotzdem geht er mit jeweils entschlossener Vorsicht zu Werke. Nicht zufällig lautet daher einer seiner Wahlsprüche: „Greife niemals in ein Wespennest, doch wenn du greifst, dann greife fest".

Wer sich von Christian Wulff ein Bild machen möchte, versuche nicht, nach seinem *Image* zu forschen: „Ich bin ich", würde er auf entsprechende Fragen antworten. Und auf den Eindruck angesprochen, den er auf die Menschen macht, die ihn wählen, wehrt er selbstsicher, ja mit abschätziger Geste ab: „Von *Image*beratung halte ich nicht viel. Wer darauf zu viel gibt, ist auch bereit, sich verbiegen zu lassen." Natürlich weiß er, dass man beim Straßenwahlkampf binnen kürzester Frist oft einige hundert Hände drücken und ein Lächeln auf die nach einem 16-Stunden-Tag ermüdeten Gesichtszüge zaubern muss, um den Leuten zu gefallen. Aber sich mit Hilfe von Werbestrategen ein modischeres Aussehen, eine veränderte Mimik oder gar gefälligere Gesten verordnen zu lassen, das ginge über Wulffs Anpassungsbereitschaft an den Publikumsgeschmack einfach hinaus. Niemand könnte ihm auf diese Weise etwa das geliebte marineblaue Jackett ausreden oder die klassischen Lloyds-Schuhe, die er gelegentlich einem Paar eleganter Slipper aus italienischer Werkstatt vorzieht. Der Mann ist so, wie er den Menschen bei seinen politischen Werbetouren oder im Fernsehen erscheint: von meist heiterer Biederkeit, von sicherem Auftreten, gewinnendem Äußeren und redegewandt, weshalb er auf ein Rhetorik-Training verzichten könnte, falls jemand die Kühnheit besäße, es ihm anzutragen. Noch bei hochsommerlichen Temperaturen bringt der Oppositionspolitiker es fertig, einige hundert Anhänger und neugierige Gäste in einem niedersächsischen Gartenlokal zu Klatschorgien herauszufordern, obwohl sie schon seit Stunden darauf warten, endlich beim Spanferkel zugreifen zu dürfen.

Sieht so einer aus, der sich die Kleidung von einem andern geborgt hat?

Blenden wir noch einmal in die Zeit seiner Anfänge zurück, 1994 etwa. Ein Jahr der Entscheidung, für ihn selbst wie für seinen damaligen Gegner Gerhard Schröder. Man vergleicht die beiden miteinander, als wären sie kongeniale Konkurrenten. Dabei sind sie 15 Jahre auseinander, politikgeschichtlich gesehen eine Epoche. Gleichwohl: Amerikanische Experten mussten dafür herhalten, der intellektuellen

18

Linken in Deutschland zu einem Stück psychologisch-politologischer Masturbation zu verhelfen.

In einem breitflächig aufgemachten Artikel der Wochenendbeilage der „Süddeutschen Zeitung" hat deren Münchner Zentralredaktion die Beobachtungen einiger amerikanischer Imageberater in deren bestelltem Gutachten zur Haltung und zum Verhalten der Probanden Schröder und Wulff ausgewertet und kommentiert. Die amerikanische Seite wurde repräsentiert durch die Analytiker Sandra Wilson, Jan McLaughlin und Max Dixon (aus Seattle und Washington). Alle drei sprachen damals noch kein Wort Deutsch, hatten zugegebenermaßen keine Ahnung von deutscher Innenpolitik, sondern waren und wollten allein auf ihre optische Wahrnehmung bezüglich der beiden Spitzenpolitiker angewiesen bleiben; sie wurde ihnen durch Fotos und Nachrichtenfilme vermittelt. Auf Schröder soll es uns in dieser Sache weniger ankommen. Deshalb beschränken wir uns beim Referat über seine Person auf folgende, durchaus zutreffende Charakteristik: „Er fasst andere Menschen gern an. Ihm gefällt es, Dinge durch seine Sinne kennenzulernen. Vermutlich mag er Frauen; er scheint gern zu flirten. Sein Lächeln signalisiert: Ich weiß mehr, als ich sage."

Nun zu Wulff. Sein Aussehen schien den Gutachtern in den USA zu verraten, dass er „wie ein kleiner Junge wirkt, der sich die Kleidung von jemand anderem geborgt hat". Anzug, Hemd und Schlips passten zwar zueinander, entsprächen aber in Stil und Farbe nicht seinem Typ. So entstehe das Bild eines „sanften, langweiligen, unverbindlichen Mannes – so aufregend wie Weißbrot". Im restlichen Teil der Analyse kommen die Amerikaner freilich zu einem Ergebnis, dessen sich Christian Wulff mitnichten schämen müsste. Im Gegenteil.

Da heißt es u. a.: „Eindeutig ein Kopfmensch, ein kluger Mann, der die Dinge gerne sachlich betrachtet" (Schlussfolgerung aus seiner Körpersprache). Und was sagte die Handschrift von Wulff Sigmund Freuds Jüngern in Übersee? Sie sagte ihnen ganz und gar unmissverständlich: „Er besitzt Intelligenz, Kreativität und Urteilskraft ... desgleichen Organisationstalent, hat ein Auge für Details und kann gut mit Daten umgehen. Geriete dieser Mann in Bedrängnis, würde er vor der Situation nicht davon laufen, sondern kämpfen." Und dies tut er ja wohl auch schon geraume Zeit.

Wir kamen von der „Provinz"...

Die Kneipe, von der hier die Rede ist, hatte ihren Platz einst im Bonner Regierungsviertel, frequentiert vornehmlich von Sozialdemokraten und deren politischem Anhang, aber auch von Grünen, weil die Betreiberin ganz offensichtlich dieser Gruppierung zuneigte. Sie verbat sich den Besuch von Rekruten der Bundeswehr in Uniform. Wem man folglich den Soldaten ansehen konnte, musste mit Lokalverbot rechnen. Nicht so Gerhard Schröder, der gern sein Bier in der „Provinz" trank. Er kam, trank und hat darüber in einer der berühmten Wahlsendungen 1998 – Fernsehduell mit seinem niedersächsischen Herausforderer Wulff – berichtet: „Wir kamen von der ,Provinz', diese Kneipe lag gegenüber dem Kanzleramt. ... Wir waren jung. Die Sache mit dem Zaun war mehr ein Spaß." Natürlich, seine abendlichen Eskapaden nimmt man ihm nicht übel, was soll's. Schröder, in angetrunkenem Zustand, rüttelte einmal heftig an den Eisenstäben des erwähnten Zaunes und schrie mit vernehmlicher Stimme in die

Nacht: „Ich will hier rein!" Jeder einigermaßen mit Bonner Geschichten Vertraute kennt diese Story. Im ZEIT-Interview wollte Schröder nun dartun, dass erst nach seinem Erfolg in Niedersachsen der „ernsthafte Gedanke entstanden ist, das Kanzleramt anzustreben". Wie dem auch sei; der Fernsehredakteur der „Frankfurter Allgemeinen Zeitung", Michael Hanfeld, erinnerte sich im Frühjahr 2002 an die Vorgänge, vor allem aber an die Mittel, die Schröder einsetzte, um sein großes, jenseits des Zauns liegendes Ziel zu erreichen. Hanfeld sah abermals jenes denkwürdige 1998-er Fernsehduell Schröder/Wulff vor seinen Augen abrollen, und kommentierte: „Nicht in einem Punkt zeigte sich der Amtsinhaber (Schröder) seinem Herausforderer (Wulff) damals ebenbürtig. Kaum eine Zahl hatte er parat, keine Liste eingelöster Versprechen vermochte er herunterzubeten, den Fakten seines Gegenübers und den stichhaltigen Fragen des Moderators setzte er seine Falten, sein Grinsen und sonst nichts entgegen..."

Wir wissen: Schröder gewann nicht nur die Landtagswahl in Niedersachsen, sondern auch die Bundestagswahl im Herbst 1998. Nachträgliche kluge Sprüche über die fragwürdigen Mittel, mit denen er dies fertigbrachte, erübrigen sich, nicht aber das Nachdenken darüber, wie man den unablässigen Wiederholungen dieses schlechten Theaters einen Riegel vorschieben könnte.

Medien schätzen Wulff als offenen und ehrlichen Politiker

Die Medien schätzen Wulff als einen „offenen und ehrlichen" Politiker. Nicht nur das: Das Wirtschaftsmagazin IMPULSE ließ im Februar 2000 Wulff in einem Wunschkabinett der

21

deutschen Unternehmer als Arbeitsminister figurieren; unter Edmund Stoiber als Kanzler und neben Matthias Wissmann als Wirtschafts-, Kurt Biedenkopf als Innen-, Angela Merkel als Umwelt- und Horst Seehofer als Gesundheitsminister – keine schlechte Gesellschaft, ungeachtet der Tatsache, dass sich die Wirtschaft ansonsten weiterhin auf Joschka Fischer als Außen- und auf Hans Eichel als Finanzminister verlassen wollte. Damals standen die Liberalen bei der Unternehmer-schaft in keinem günstigen Licht. Für sie jedenfalls hatte man nicht einen Posten in einer solchen, imaginären Bundesre-gierung reserviert. Dem angeblich blassen Wulff aber hatte man ein zentrales Ressort zugewiesen.

Man schätzt ihn folglich, doch heißt es verläßlich, er sei „kein Mann für die Lüttje Lage". Das ist in Niedersachsen, wo sich trinkfeste Kerle den Schnaps in Verbindung mit einem küh-len Bier gern in die durstigen Kehlen kippen, nicht ganz un-wichtig; im politischen Wettbewerb freilich von kaum ent-scheidender Bedeutung. Als Vorsitzender der CDU in Niedersachsen folgte Wulff nach vier Jahren des Landesvor-sitzenden Josef Stock auf das charismatische „Urgestein" Wilfried Hasselmann, was fürwahr nicht nur einen Genera-tionen-, sondern zugleich einen Typenwechsel markierte, wie er deutlicher nicht hätte ausfallen können.

Über wenig kann sich der CDU-Landesvorsitzende heftiger er-regen als über die „krasse Fehleinschätzung" des Göttinger Po-litikwissenschaftlers und Parteienforschers Peter Lösche, der die Generation Wulff als hoffnungslos Konservative und da-her „geborene Verlierer" im Wettstreit der Systeme zu disqua-lifizieren suchte, um seine – die 68-er Generation – als angeb-lich zukunftsträchtige Gestalter der deutschen Politik hoch zu jubeln. Damit hatte Lösche tatsächlich weit daneben gegriffen.

22

Denn die von der Politologie als karrieresüchtige Streber von der ersten Bank höherer Schulen verunglimpften Anhänger der Union bildeten mit ihrem großen Zulauf zu den Nachwuchsorganisationen der Christlichen Demokraten tatsächlich ein immer mächtiger werdendes Gegengewicht zu den linken Chaoten der späten 60-er und beginnenden 70-er Jahre.

„Links" zu sein galt mittlerweile nicht mehr als attraktiv, was übrigens auch das überragende Wahlergebnis für das Gespann Kohl/Biedenkopf 1976 mit prächtigen 48,6 Prozent für die CDU/CSU im Bund eindeutig belegt. Das so oft und nachhaltig geschmähte „pfälzische Gesamtkunstwerk" (O-Ton Joschka Fischer über Kohl) hatte immerhin das bis dahin zweitbeste Wahlergebnis seiner Partei in der Geschichte der Bundesrepublik Deutschland erzielt; sieben Jahre später sollte Kohl es noch einmal steigern, wenn auch nur um wenige Stellen hinter dem Komma. Das sozial-liberale Bündnis hatte in dieser Situation Mühe, nach dem Wechsel vom gescheiterten „Visionär" Willy Brandt zum „Pragmatiker" Helmut Schmidt über die Runden zu kommen – selbst wenn es nach der Wahl von 1976 weitere sechs Jahre dauern sollte, bis es den Unionsparteien abermals gelang, den Kanzler zu stellen. Die 70-er Jahre mit der nach historischem Urteil eindrucksvollen bundespolitischen Opposition unter Helmut Kohl und Kurt Biedenkopf schufen die Grundlage für die lang andauernde christlich-demokratische Führungsrolle in den beiden folgenden Jahrzehnten, bis dicht an die Schwelle des 21. Jahrhunderts. Christian Wulff sieht sich in dieser Tradition, einer grundsatztreuen Linie wider den Zeitgeist; und Lösche als einen, der die künftigen „Gewinner" im Spiel der politischen Kräfte auf der falschen Seite vermutet hatte. Historisch gesehen haben die damals angeblich Angepassten Weitsicht bewiesen, die 68-er-Irrwege gesehen.

Wulffs Jugend und Kindheit fielen in die letzte Phase der Ära Adenauer, die ihr folgende, nur dreijährige Regierungsperiode Ludwig Erhards und die Große Koalition von CDU/CSU und SPD, die nach der Bundestagswahl 1969 mit der Koalitionsneubildung unter Führung der SPD und einer schwindsüchtigen FDP ihr frühes Ende gefunden hatte. Sieben Jahre später trat der Schüler Christian der CDU bei; mit 17 befand er sich in eben jenem Alter, in dem sich auch sein damaliges politisches Idol Helmut Kohl – dreißig Jahre zuvor – der Union angeschlossen hatte. Beide absolvierten eine jeweils beispielhafte „Ochsentour" über alle sich anbietenden Ebenen der Politik und durch sämtliche Gremien der Orts-, Landes- und Bundespartei, immer darauf bedacht, bei den Hierarchen zugleich Aufmerksamkeit zu erregen und Anerkennung zu erlangen. Erst dieses System garantiert, bei der allfälligen Postenverteilung berücksichtigt zu werden. Vom „kometenhaften" Aufstieg des gerade 33-jährigen Talents am politischen Firmament schwärmte dann schon zu Beginn der 90-er Jahre die angesehene „Frankfurter Allgemeine Zeitung"; auch dies Kennzeichen der unleugbaren Tatsache, dass sich da einer auf den Weg begeben hatte, der an möglichst ununterbrochenem Erfolg interessiert war.

Leader for Tomorrow

Zu den „jungen Wilden" in allerdings gezähmter innerparteilicher Opposition zu Helmut Kohl gehörte neben Roland

24

Koch, Peter Müller und Ole von Beust Mitte der 90-er Jahre der immer freundlich dreinblickende CDU-Mann aus dem schönen Osnabrück. Das mit den „jungen Wilden" kann ja auch von den Medien so ernst nicht gemeint gewesen sein, denn deren Protest gegen den halsstarrigen Alten im Bonner Kanzleramt erwies sich am Ende als so milde wie ein warmer Frühlingsregen.

Viel ernster gemeint fiel dann schon ein Kommentar des seinerzeit einflussreichen Chefredakteurs der „Bild am Sonntag", Michael Spreng, aus. Spreng schrieb am Tage (!) der Niedersachsenwahl im Frühjahr 1998 den in mehrfacher Hinsicht weitsichtigen Kommentar: „Die Niedersachsenwahl heute ist wirklich ein Schicksalstag: für die CDU/CSU und die SPD, für Kohl und für Schröder, für den weiteren Weg Deutschlands. Verliert Schröder, oder verfehlt er sein ehrgeiziges Ziel, dann hat er seine politische Zukunft hinter sich. Gewinnt er strahlend, dann könnte dies am 27. September [dem Tag der Bundestagswahl] für Kohl gelten." Dann folgen, auf unseren „Helden" bezogen, zwei Schlusssätze. Der erste der beiden hat sich bereits als zutreffend erwiesen, der zweite wird sich noch als solcher erweisen müssen: „Schade, dass bei dieser Konfrontation ein kompetenter Mann wie der niedersächsische CDU-Spitzenkandidat Christian Wulff völlig unterging. Er hat seine Zukunft als einziger mit Sicherheit noch vor sich."

Zukunft mit Sicherheit, eine Erfolg verheißende Mischung aus Vision und Vertrauen. Dabei finden des CDU-Mannes kaum zu übersehende Talente auch international Beachtung und Anerkennung, vornehmlich seine Fähigkeit, wirtschaftspolitische Zusammenhänge zu erfassen und auf diese politisch angemessen zu reagieren. So wählte das renommierte *World Economic Forum* in Davos den Oppositionsführer im Niedersächsischen Landtag zu einem von weltweit 100 *Global Leaders for Tomorrow.*

Dass er eine Führungspersönlichkeit von morgen sei, das wird in unruhigen Zeiten wie den unseren einem politischen Hasardeur nicht nachgesagt. Selbst sein politischer Gegner, der damalige Ministerpräsident Gerhard Schröder, ließ bereits 1998 in kleiner Runde durchblicken, dass es Wulff im Jahre 2003 gelingen könne, die Regierung in Niedersachsen zu übernehmen. Jedenfalls war schon seinerzeit das Thema „Milchbubi", so der damalige Korrespondent der „Berliner Zeitung", Ulrich Deupmann (inzwischen beim SPIEGEL), für Wulff selbst wie für seinen Kontrahenten „erledigt".

Wulff ist grundsolide, aber nicht langweilig. Christlich-konservativ, doch mitnichten rückwärts gewandt, wie käme er auch dazu? Aber bei Themen wie Spätabtreibung, Euthanasie, Embryonentransfer und einem Verbot des Klonens bekennt er sich zu seinen Wertvorstellungen. Die Forderung nach Erneuerung der *Werte im Wandel* präzisierte er durch die entschiedene Formel von der *Bewahrung der Werte und gleichzeitiger Notwendigkeit des Wandels der Gesellschaft.* Manch einer glaubte derlei politische Rhetorik nur beim bayerischen Ministerpräsidenten Edmund Stoiber zu entdecken. Weit gefehlt: Christian Wulff intonierte sie, unabhängig davon, dass sein Münchner CSU-Freund die Melodie aufgriff und in die deutschen Lande trug. Energisch verwahrte sich der Niedersachse dagegen, sich von der Schwesterpartei an eine angemessene Berücksichtigung des „nationalkonservativen Elements" in der CDU erinnern zu lassen.

Zuweilen macht ihm die aus Erfahrung gewonnene Erkenntnis zu schaffen, dass – wer es mit der Wahrheit allzu

Die „jungen Wilden" heute: Christian Wulff mit Roland Koch,
Ole von Beust und Peter Müller.

genau nimmt – in der Politik „nur schwerlich populär werden kann". Täuschen und Tricksen liegt ihm nun einmal nicht; das haben alle zu spüren bekommen, die entweder für ihn arbeiten oder mit ihm zusammen.

Ein Indianer kennt keinen Schmerz

Er hat Bitteres in früher Jugend erfahren müssen, was ihn doch nicht verbittert machte, aber noch heute dominierend ernst erscheinen lässt. Bis in die Gegenwart hinein erklärt er sich seinen konzentrierten Gesichtsausdruck, den manche Leute fälschlicherweise als Pädagogenmiene auslegen, als bleibenden Reflex auf die oft betrüblichen Ereignisse in Kindheit und Jugend. Zu wahren Schicksalsschlägen wuchsen sich für den Heranwachsenden die Erkrankung der Mutter, dann die Scheidung der Eltern aus. Verdammt harte Jahre waren das für den Vierzehnjährigen: Gefordert nicht nur bei der Pflege seiner MS-kranken Mutter, sondern auch bei der neun Jahre jüngeren Schwester Natascha, die den „großen Bruder" in der vaterlosen Familie dringend brauchte. Fortan lief das familiäre Hilfeprogramm unter der Rubrik „Ein Indianer kennt keinen Schmerz". Und bis in die Gegenwart hinein kann er sich selbst bei Tischgesprächen daran erinnern.
Unauslöschlich ist ihm eingeprägt, dass „mein ganzes Leben von Grund auf verändert wurde, als die Mutter 1973 erkrankte". Der junge Mann trug die Kranke buchstäblich auf den Armen, weil sie – bewegungsunfähig – anders nicht in ihr Bett gelangte. Ungeachtet mancher medizinischer Erkenntnisse seit jener Zeit gilt die Multiple Sklerose (eine entzündliche Erkrankung des Nervensystems) bis heute als unheilbar.

28

Im Herbst 2001 berief der Bundesverband der Deutschen Multiple Sklerose Gesellschaft den CDU-Politiker zu seinem Schirmherrn; nicht nur eine Auszeichnung, die in der Vergangenheit Präsidenten oder Regierungschefs vorbehalten blieb, sondern in seinem Falle eine Herausforderung besonderer Art. Bei der Übernahme der Schirmherrschaft hat Wulff – eingedenk seiner Kindheitserfahrungen – gelobt, ernsthaft um das Gespräch mit MS-betroffenen Familien, vor allem mit den Kindern, bemüht zu sein. Was die therapeutische Seite betrifft, ist Wulff offenbar zu einer Gratwanderung bereit. Denn ihm ist bewusst, dass viele der 120.000 MS-Kranken in Deutschland große Hoffnungen in die embryonale Stammzellenforschung setzen. Als Politiker lehnt der Christdemokrat die Herstellung embryonaler Stammzellen ab: „Für mich eine der schwierigsten Fragen überhaupt". Ob er wenigstens der Forschung an überzähligen embryonalen Stammzellen zustimmen könnte, hatte er lange „für sich noch nicht entschieden".

Christian und Christiane

Lag über seiner Jugend ein Schatten, aus dem erst der Jurastudent heraus treten konnte, gedieh seine Ehe mit der Juristin Christiane Vogt zu seinem großen Glück. Sie begegneten einander bereits im Studium. Da Christian, um ein Jahr älter, sich als Sprecher der Fachschaft engagiert hatte, sahen sie sich zum ersten Mal bei der Erstsemester-Studienberatung. Es war für seine künftige Ehefrau Christiane der erste Tag an der Universität. Obwohl, oder vielleicht gerade weil er schon auf eine ganze Serie von Erfahrungen mit jungen

Mit Ehefrau Christiane.

Damen zurückblicken konnte („Ich hab' nichts anbrennen lassen"), rührten sich bei ihm für die neue Kommilitonin umgehend tiefere Empfindungen. Christian in der Rückschau: „Bei mir hat's gleich gefunkt; bei ihr wohl auch." Nach einigen Tagen schon verstand er es geschickt, bei einer Autofahrt den mutmaßlichen Nebenbuhler rechtzeitig abzuschütteln, um bei der Ankunft in Christianes Studentenbude mit der Angebeteten ganz sicher allein zu sein: „Ich habe einfach gesagt, ich müsse dringend tanken; die Fahrtroute hatte ich so angelegt, dass wir uns in der Nähe der Wohnung jenes Kommilitonen befanden, als ich die Tankstelle anfuhr. So konnte ich den unwillkommenen Mitbewerber noch rechtzeitig loswerden."

Bei Politikern von Rang hat Wulff traditionell gute Karten.

Einige bemerkten früh etwas von seinen herausragenden Talenten, allen voran Helmut Kohl, der sich auch als Wulffs politischen Ziehvater betrachtet: „In dem erkenne ich mich wieder, als ich noch Fraktionschef im rheinland-pfälzischen Landtag war. Der redet auch nicht jedem nach dem Munde." Kohl, der eine Epoche mit seiner Dauerkanzlerschaft prägte, muss es wissen: „Christian Wulff ist eines der größten politischen Talente der Union." Die erstaunlich vielen Gemeinsamkeiten mit dem langjährigen CDU-Regierungschef fielen auch Wulff-Förderer Rudolf Seiters auf, unter Kohl einst Kanzleramtschef und Bundesinnenminister: Der „junge Wilde" Wulff, der dem Kohl der sechziger Jahre ähnelt, in denen er seiner Partei die alten Zöpfe abschneidet. Zwanzig Jahre später ruft Wulff nach einer grundlegenden Parteireform und legt sich mit CSU-Chef Theo Waigel an. Kohl und Wulff stießen schon als Teenager zur Union und scheuten nicht die Ochsentour, um ganz nach oben zu kommen. Schließlich gelten beide als arbeitswütig; sie wälzen stundenlang Akten, notfalls über Mitternacht hinaus.

Eher gönnerhaft, was nicht verwundert, fällt das Urteil des politischen Gegners aus, besonders das des niedersächsischen Ministerpräsidenten Gerhard Schröder im Landtagswahlkampf 1998. Es läuft auf eine unfreiwillige Schmeichelei hinaus: „Der Wulff ist ja nicht schlecht, der wird's ja mal – 2003." Schröders einzige Einschränkung: Der „junge Mann" müsse noch ein wenig „reifen", dann sei er am Ziel seiner Wünsche angelangt. Wenn der SPIEGEL ihn als einen „netten Langweiler" oder „angespannten Softie" tituliert, freut das unseren Helden zwar nicht, doch verschmerzt er solche Häme eher als seinem Grundsatz untreu zu werden, der da lautet: „Nicht immer sagen, was ankommt, sondern worauf es ankommt." Wulff verabscheut die vollmundigen Sprüche wie der Teufel das Weihwasser. Sprüche eignen sich allenfalls als Türöffner bei Interessengruppen, kaum je bei der Mehrheit der Wähler. Und auf sie kommt es schließlich an.

Von Wulffs Redetalent, einem der Essentials des Politikers, sind die meisten Chronisten offenbar fest überzeugt. Es hat sich von eher zaghaften Anfängen an Jahr für Jahr verbessert und schließlich abgerundet. Der Berliner „Tagesspiegel" rühmt gar, etwas Übertreibung muss wohl manchmal sein, das „kommunikative Naturtalent" des niedersächsischen Oppositionspolitikers. Es lasse ihn „beim freundlichen Valentins-Herzchen-Überreichen in der Osnabrücker Innenstadt ebenso überzeugend erscheinen wie in der Diskussion mit dem politischen Gegner." Nur hier und da mag Wulff es noch mit dem Vorurteil des kopfbestimmten Zauderers zu tun haben, des Höflichen und Rücksichtsvollen, des Mannes ohne Ellbogen und wie dergleichen Klischees noch heißen mögen. Nichts davon wird an ihm finden, wer genau hinsieht: Denn Wulff hat gezeigt und bewiesen, dass er nicht nur entscheidungswillig und kompetent, sondern auch machtbewusst ist, unabweisbare Voraussetzungen für den Weg in höchste Führungspositionen. Der vermeintliche „blasse Blonde", wenn es ihn je gegeben hat, existiert nicht mehr. Von der „Leichtigkeit des Seins" hat er allerdings noch nichts vernommen; allenfalls von dessen „Unerträglichkeit". Denn mit Leuten, auch mit denen, die ihm als engste Mitarbeiter zur Seite stehen, kann er in Terminfragen – sollten sie nicht nach Vorschrift angesagt und festgehalten werden – hart ins Gericht gehen: „Ja, ich bin verdammt ungeduldig", gibt er ohne die kleinste Andeutung einer etwaigen Entschuldigung oder Beschönigung zu. Er gehört nicht zu jenen Menschen, mit denen man eine hemmungslose Lachorgie veranstalten könnte. Gut, er ist schlagfertig – manchmal. Aber die knappen, oft kabarettreifen Couplets, die unter Anleitung seines Sprechers Olaf Glaeseker und des politischen Mitstreiters Eckart von Klaeden locker-flockig, zugleich politisch-hintersinnig für rhetorische Zwecke erdacht werden, gehen dem Redner nicht immer treffsicher von den Lippen. Die nachfolgend zitierten, an Heinrich Heine erinnernden Spottverse hätten es in Wahlkampfzeiten jedoch verdient gehabt:

> Kinder blöder,
> Wirtschaft öder,
> Diebe schnöder –
> Gerhard Schröder!

Dabei hat er durchaus Verständnis, Interesse, ja sogar Lust am Kabarett und hegt eine Liebe fürs Theater und gute Bücher. Auch der Schlager- und Popmusik hat er sich zugewandt, und dies nicht nur, wenn sie politische Themen aufgreift. Davon wird noch die Rede sein.

Ich mach' mein Ding!

Politik interpretiert sich nicht von selbst. Jeder, der sich in das Getümmel öffentlicher Auseinandersetzungen stürzt, sollte zuvor der romantischen Vorstellung entsagen, man nehme bereits deshalb von ihm oder ihr Kenntnis, weil ihn oder sie von jeher unnachahmliche Originalität auszeichnet. Um dieses Qualitätsmerkmal zu betonen oder womöglich erst zu erlangen, praktiziert man seit rund hundert Jahren das, was man unauffällig als „Presse"- oder „Öffentlichkeitsarbeit" bezeichnet.

Auch der nun schon langjährige niedersächsische Landespolitiker Christian Wulff weiß um diesen Umstand, selbst wenn man ihm darin Recht geben muss, dass derlei Tätigkeiten den Politiker als Person nicht „verbiegen" sollten. Er verfügt dessen ungeachtet in diesen Dingen mittlerweile über einen ausgeprägten Instinkt für den richtigen Griff. Zuweilen fragte er sich gleichwohl, wenn ihn der staubtrockene Juristenverstand leitete, ob man denn zwischen *Image* und *Information* unterscheiden müsse. Ob es nicht einfach auf die Mitteilung über Sachverhalte und Entscheidungen ankomme, und weniger darauf, wie einer sich kleidet oder spricht? Und dann war ihm plötzlich klar, dass man alle diese mehr oder weniger komplizierten Dinge nonverbaler Kommunikation nicht überschaubar voneinander trennen kann!

Der Mensch ist nicht nur ein Verstandeswesen, sondern sieht und *versteht* auch mit dem Gefühl. Hinter dem, was so makellos-unschuldig *Pressearbeit* heißt, steckt deshalb auch ein oft bis ins Kleinste hinein durchdachtes Konzept von Erfüllung staatspolitischer und parlamentarischer Informationspflicht und gezielter Informationspolitik, jeweils im staatsbürgerlich zulässigen Rahmen. Keine Frage, dass im Weltbild eines Christian Wulff immer die Pflichten höheren Rang besaßen und besitzen als die oft lockenden Möglichkeiten parteipolitischen Ränkespiels. Wenn es ihm gar zu bunt werden sollte, zieht er sich wohl auch auf die ebenso griffige wie trotzige Formel zurück, die in Niedersachsen sprichwörtlich ist und überall gut ankommt: *Ich mach' mein Ding.* Auf Hochdeutsch: Soll kommen, was will, ich verrichte mein Tagwerk, wie es mir aufgetragen worden ist – und wie ich es verstehe!

Dabei hilft dem Parteichef seit Mitte 1999 der ihm eng vertraute Freund und Weggefährte Olaf Glaeseker. Der erprobte Journalist und Parlamentskorrespondent deutscher Regionalzeitungen entschied sich im Jahr des Umzugs der Bonner Bundespressekonferenz nach Berlin für den Wechsel auf den Stuhl eines (parteilosen!) Pressesprechers der CDU-Landespartei in der niedersächsischen Landeshauptstadt Hannover. Es ist schlecht vorstellbar, dass Wulff einen besseren Griff hätte tun können. Glaeseker kann als ehemaliger Pressemann in Niedersachsen und im Bund auf ausreichende Berufserfahrung zurückgreifen und sich deshalb des gebührenden Respekts seiner Kollegen sicher sein, so dass ihm von dieser Seite ein hohes Maß an Vertrauen entgegengebracht wird. Glaesekers Erfolge sind mit Händen zu greifen. Parteichef Wulff ist populärer als jeder andere deutsche Opposi-

Auf Wahlkampftour mit Pressesprecher Olaf Glaeseker.

tionspolitiker in den Ländern, auch dank zahlreicher gelungener Fernsehauftritte, zu denen ihm Freund „Olli" mit stets sicherem Instinkt gute sachdienliche Hinweise zu geben und die ein Team von Beratern vorzubereiten pflegt.

Was man sonst eher den anderen Parteien in Deutschland nachzusagen pflegt, nämlich eine effektive Pressearbeit zu machen und darum bei den Medien gut anzukommen, trifft hier zweifellos auf den niedersächsischen Strahlemann zu.

Denn nicht genug damit, dass Wulff sich einen fraglos qualifizierten Pressesprecher angeln konnte: Ihm gelang darüber hinaus mit der Berufung einer Sprecherin für die Landtagsfraktion ein Coup, der über Niedersachsens Grenzen hinaus für Schlagzeilen sorgte. Als Sabine Bulthaup den Job als Sprecherin der CDU-Fraktion im Niedersächsischen Landesparlament annahm, hielten viele das für einen mehr oder weniger gezielten Witz. Denn die gerade 40-Jährige schien auf ihre neue Tätigkeit zunächst alles andere als gut vorbereitet. In Norddeutschland ist sie Hunderttausenden Radiohörern aus der Comedyszene bekannt, unter anderem vom *Frühstyxradio.* Ihre Entscheidung, dem Ruf des Unionspolitikers zu folgen, geht offenbar auf einen Mix von Beweggründen zurück. Die wichtigsten reimen sich auf: „ein bisschen mehr persönliche Verantwortungsbereitschaft muss sein". Vielleicht hat sich Sabine Bulthaup auch von der Branche enttäuscht gefühlt, etwa von der *fastfood comedy* mit Sendezeiten von mittlerweile oft weniger als anderthalb Minuten. Letztlich aber hatte sie wohl vor allem anerkannt, dass zwischen Wulff als Person und Politiker einerseits und seiner Wahrnehmung in Teilen der Öffentlichkeit Welten klaffen. Im Wahlkampf 1994 hatte Sabine Bulthaup mit Dietmar Wischmeyer noch eine CD und dann 1998 ein Buch über Gerhard Schröder produziert. Dabei lernte sie Wulff kennen und schätzen. Für ihren neuen Wirkungskreis wurde sie rasch zu einem Gewinn.

So verwunderlich Wulffs Wahl für die Besetzung des nicht unwichtigen Postens in der Landtagsfraktion auf den ersten Blick auch erscheinen mochte, so wenig lässt sich die Spur übersehen, die bei Wulff immer wieder zur Unterhaltungsbranche führt. Mit Künstlern jeglicher Provenienz steht der Bewerber um den höchsten Posten im Lande traditionell auf gutem Fuße. An eine Begegnung mit dem Komiker Karl Dall im Sommer 2000 wird sich Wulff besonders gern erinnern: Beim Partygeplauder anlässlich eines Konzerts der *Scorpions* prahlte Dall gegenüber Ministerpräsident Sigmar Gabriel (SPD) gutgelaunt, doch hintergründig mit seinen zeitgeschichtlichen Kenntnissen: „Herr Ministerpräsident, ich kenne alle Ihre Vorgänger." Gabriel: „Wirklich alle?" Dall: „Ja, alle. Und Ihren Nachfolger auch. Guten Abend, Herr Wulff."

Kann ein so ernsthafter, wenngleich unverkrampft auf Menschen zugehender Parlamentarier wie Christian Wulff wirklich Spaß an Spaßmachern gewinnen? Unleugbar: Er kann. Doch findet der Spaß gelegentlich seine natürlichen Grenzen. Auf die Interviewfrage, wem er „auf keinen Fall in der Sauna begegnen möchte"? antwortete er abwehrend: „Einer Ulknudel." Trotzdem, der Mann hat offenbar einen guten Humor. Auf seine Liebe zur italienischen Küche, Spezialgebiet *pasti*, anspielend, wurde der angeblich so Ernsthafte einmal gefragt, „wer in zehn Jahren Deutschland regieren werde?" Prompt antwortete Wulff: „Die Nudel-Connection." Was seine Lieblingsspeisen betrifft, ist Wulff festgelegt: Nichts geht ihm über die kulinarischen Genüsse Italiens.

In Kunst und Literatur scheint das Raster buntscheckiger, jedenfalls weniger übersichtlich gegliedert. Was seine Lektüre anbelangt, ist er nicht festgelegt. Doch: Respekt, Respekt! Wulff beteiligte sich schon an öffentlichen Lesungen. So hat er im Hannoverschen *Künstlerhaus* unter der Einladungsrubrik PROMINENTE LESEN aus dem Buch von Eike Christian Hirsch über den deutschen Universalgelehrten und Philosophen Leibniz vorgelesen, zum sichtlichen Vergnügen des Verfassers. Jedenfalls rühmte Autor Hirsch, der sich als Wulff-Fan bezeichnet, anschließend dessen Können als „tadellos". Wulff besucht aber auch gern Schlager- und Rockkonzerte, und es ist ihm dabei völlig gleichgültig, ob der Sänger – etwa Heinz Rudolf Kunze, dem er freundschaftlich verbunden ist und der sich lange für die Sozialdemokraten und eine Zeit auch für die Grünen engagierte – sich zum „anderen Lager" rechnet. Die Vergnügungsseite ist strikt privatisiert; Politik hat darin nichts zu suchen.

Der Senkrechtstarter

Die Welt des 14-jährigen Christian stürzt mit der Scheidung seiner Mutter und des Stiefvaters – offensichtlich eine Folge der schweren Erkrankung der Mutter – urplötzlich in heillose Unordnung. Der Stiefvater hat Frau und Kinder verlassen. Nichts, oder doch beinahe nichts, wird mehr so sein wie es einmal war. Erste Erfahrungen damit, wie unsicher und brüchig das Leben sein kann, wenn entscheidende Personen eines Familienverbandes nicht mehr mitspielen, wie sie es früher allen Widrigkeiten zum Trotz getan haben!
Wenn ein vertrautes Ordnungsgefüge zerbricht, erscheint es

38

Der 4-jährige
Christian, 1963.

dem Menschen für sein Seelenheil mitunter unerlässlich, es
auf die eine oder andere Weise wieder herzustellen oder dessen Verlust auszugleichen. Politik als eine der Möglichkeiten, sich ins öffentliche Leben einzuschalten und darin mitzuwirken – wenn auch zunächst auf den unteren Rängen:
Solche Gefühle dürften den Schüler bewogen haben, sich in
jenem Augenblick der Schüler-Union anzuschließen. Der Ju-
nior-Partner der Jungen Union/JU – Nachwuchsorganisa-
tion von CDU und CSU – steckt noch in seinen Anfängen
und nimmt den begabten Diskussionsredner gern in seinen
Reihen auf. Wulff braucht nicht lange, um sich an die Spitze empor zu arbeiten. Noch wird in der Mutterpartei die
Schüler-Gruppierung belächelt, von weitsichtigeren Funk-
tionären aber spontan willkommen geheißen. Es dauert nicht
lange, da macht das Nachwuchstalent als deren Bundes-
sprecher von sich reden.
Es ist gut vorstellbar, dass Christian Wulff sein Selbstbewusstsein in diesen Jahren zu formen begann, in denen es

galt, sich in einer Phase familiärer Erschütterungen und drohender Zerrüttung zu behaupten. Ohne Selbstvertrauen, dies wurde ihm bald klar, wird er auch sonst niemandem Vertrauen einflößen oder Menschen von seinen Ideen begeistern können. Es ist die Zeit, in der Helmut Kohl als Nachfolger von Rainer Barzel noch Tag für Tag um seine Reputation als CDU-Bundesvorsitzender kämpfen muss. Unterstützt wird der Pfälzer vor allem vom Parteinachwuchs, den Sozialausschüssen und der Frauen-Union. Eine lange Oppositionsperiode im Bund kündigte sich unmissverständlich an; es gehört zu den historischen Verdiensten des damals parteiintern (und erst recht in den Medien) fast unisono verächtlich gemachten Kohl, dies früh erkannt und in geschickter Weise darauf reagiert zu haben. Die einzig richtige Konsequenz für den damaligen CDU-Chef lautete deshalb, sich mit einer langfristig angelegten Strategie auf die Rückgewinnung der Macht einzurichten.

Wulff wurde mit 15 Jahren Schülersprecher seines Gymnasiums, blieb es bis zum Abitur, gründete den Stadtschülerrat Osnabrück, wurde bereits mit 17 Jahren in den ersten Landesschülerrat Niedersachsens gewählt und kämpfte für eine positive Grundeinstellung zu diesem Staat. Den Jungen in den Unionsparteien, auch unserer niedersächsischen Begabung aus Osnabrück, war in diesen Jahren besonders wichtig, sich mit ihrer Präsenz in der Öffentlichkeit gegen den vermeintlichen Linksruck der Gesellschaft zu wehren. Nicht die Gesellschaft war politisch auf das linke Ufer geraten, sondern lediglich einige lautstarke Verächter traditioneller Werte, zu denen Freiheit, Selbstverantwortung, Solidarität der Generationen untereinander, aber auch Vaterlandsliebe und nationale Einheit gehören. Dieser Wertekonsens war akut be-

Der Bundesvorsitzen-
de der Schüler-Union
1979 auf dem Bundes-
parteitag der CDU.

droht, weshalb eine Konsolidierung dringlich erschien. Die
jungen Menschen in der Christlich-Demokratischen Union
schienen eher als andere bereit, einerseits der damals aktuellen innerparteilichen Reform das Wort zu reden und andererseits für ein höheres Maß an gesellschaftlichem Konsens in den wesentlichen Fragen der Zeit einzutreten. Der oft
missverstandene, auf den Vater des Wirtschaftswunders und
Adenauer-Nachfolger Ludwig Erhard gemünzte Begriff einer
„formierten Gesellschaft" war noch nicht ganz in Vergessenheit geraten. Ob dieser Begriff glücklich gewählt war, schien
vielen, die sich am öffentlichen Gespräch beteiligten, mittlerweile auch schon wieder zweifelhaft. Doch das hinter ihm ste-
hende Interesse an einem tiefer gehenden Verständnis einer
wertorientierten „Gemeinschaft in Freiheit" blieb offenkun-
dig länger im Bewusstsein haften als viele vermutet hatten.
Zerstörung und Streit hatte es in der jüngeren Vergangenheit,
weiß Gott, genug geben. Über den richtigen Weg in der Wirt-

41

G u t a c h t e n
==================

über besondere Leistungen des Abiturienten

Christian W u l f f

außerhalb der Gesamtqualifikation zur allgemeinen Hochschulreife

Christian Wulff, geboren am 19. Juni 1959 in Osnabrück, wurde
viermal mit sehr großer Mehrheit von allen Schülern des Ernst-
Moritz-Arndt-Gymnasiums zum Schülersprecher gewählt. Er hat das
Amt von April 1975 bis Oktober 1979 innegehabt und gehörte
außerdem von September 1976 bis September 1978 als einer der
vier Gymnasialvertreter während einer Amtsperiode dem Landesschülerrat an. Christian hat in der Ausübung seines Sprecher-
amtes außergewöhnliche Fähigkeiten entwickelt. Sehr einsatzfreudig,
verantwortungsbewußt und hilfsbereit, verständnisvoll und höflich
im Umgang, ein gewandter Redner, geschickter Versammlungsleiter
und guter Organisator, hat er in der Schülerschaft, besonders
auch in den jüngeren Jahrgängen, eine breite Beteiligung an der
Arbeit der Schülervertreter wecken können. Dabei zeigte er Einfalls-
reichtum und Durchsetzungskraft. Auf seine Anregung und unter
seiner Leitung wurden verschiedene Betreuungs- und Hilfsdienste
für Schüler neu eingerichtet und Veranstaltungen mannigfaltiger
Art (Filmvorführungen, Turniere, Sonderfahrten mit der Bundesbahn,
Diskothekabende in der Pausenhalle, Schulfeste u.a.) in eigener
Verantwortung der Schülervertretung erfolgreich geplant und

- 2 -

durchgeführt.

Wirkungsvoll und beispielhaft hat Christian in der Gesamtkon-
ferenz dieses Gymnasiums und in vielen Gesprächen mit Lehrern,
Eltern und Mitschülern die Rechte und Interessen seiner Mitschüler vertreten und immer auch die pädagogische Zielsetzung
schulischer Maßnahmen im Auge behalten; er hat Verständnis für
notwendige erzieherische Strenge der Schülerschaft in vielen
Fällen selbstverständlich gemacht. Außer seiner Vertrautheit
mit rechtlichen Bestimmungen und der Sachlichkeit seines Argumen-
tierens ist vor allem hervorzuheben, daß er stets bemüht war,
Konflikte auf dem Wege des Zusammenwirkens zu lösen. Sein Vorbild
hat den Geist der Schülerschaft sehr vorteilhaft beeinflußt,
er hat angemessene Rechtsbewußtheit und Gesprächsbereitschaft
in Konfliktsituationen unter den Schülern verbreitet.

Dank seiner politischen Kontakte hat sich Christian auch in der
Öffentlichkeit erfolgreich für die Belange der Schule und der
Schülerschaft einsetzen können.

Osnabrück, 3. Juni 1980

Sondergutachten zum Abiturzeugnis, 1980.

schaft, der Landesverteidigung, in Fragen des Zusammen-
halts der Deutschen in einem geteilten Land.

Teile der ersten Nachkriegsgeneration, die in ein Dasein des
Friedens und Wohlstands hinein wachsen, und deren Kenntnis von den schrecklichen Jahren der Tyrannei, des Krieges
und später der Bombennächte nur noch in den Albträumen
und Erinnerungen der Eltern heraufbeschworen werden
kann, entdecken in der Politik das zeitgemäße Instrument für
ein breiteres und tieferes Verständnis der Menschen voneinander und füreinander. Vielleicht war dies den jungen Leu-

ten damals noch gar nicht voll zum Bewusstsein gekommen. Doch Wulff unterdessen betrachtet es vornehmlich als seine Aufgabe, „mit Menschen zu sprechen, für Menschen da zu sein, Zukunft zu gestalten". Unter diesen Leitstern scheint er bereits als Jugendlicher sein Verlangen nach Teilhabe an den öffentlichen Dingen verbindlich gestellt zu haben. So wacker die Jungen in der CDU hier und da gegen die hierarchischen Strukturen in der Partei aufmuckten, so lendenlahm verhielten sie sich zunächst gesellschaftspolitisch. Denn in der Schüler-Union ebenso wie in der JU standen die Zeichen eher auf Konsens in der Gesellschaft, sicherlich nicht auf Spaltung; vielleicht auch deshalb, weil umgekehrt die Linke seit den späten 60-er Jahren vorwiegend die Straße als Kampfplatz ihrer politischen Auseinandersetzung wählte.

Nach Stationen in kommunalpolitischen Ämtern und landespolitischen Engagements schlägt für Christian Wulff am letzten Wochenende im Januar 1993 die Schicksalsstunde: Nach einem nur kurzen innerparteilichen Abstimmungsprozess stellt sich der 33-jährige dem Landesparteitag in Hannover zur Wahl als Spitzenkandidat für die Landtagswahl im Jahr darauf. Eine überwältigende Mehrheit der Delegierten hebt den bis zur Stunde vom Erfolg verwöhnten Nachwuchspolitiker in das begehrte Amt. Wohl einzigartig war, dass Wulff über keine parlamentarische Erfahrung verfügte, weder im Landtag noch im Bundestag. Er soll im Frühjahr 1994 gegen den amtierenden Ministerpräsidenten Gerhard Schröder (SPD) antreten; eine gewaltige Herausforderung für den Osnabrücker Rechtsanwalt, wie die meisten Altvorderen der Niedersachsen-CDU meinen – die es aber offenbar so gewollt haben! Der Senkrechtstarter hat mit der umstrittenen Kandidatur die erste wichtige Sprosse auf der

44

Karriereleiter erreicht. Nun heißt es, daraus eine innerparteiliche Bastion zu machen – oder ganz einfach bei der nächsten Landtagswahl zu siegen!

Der Parteitag, der den jungen Mann bundesweit bekannt macht, steht unter dem Motto „Aufbruch mit Kompetenz", wobei heute niemand mehr so recht sagen könnte, was damit gemeint gewesen sei. Die bleischwere Formulierung erinnerte an einen verunglückten CDU-Wahlslogan 20 Jahre zuvor. Damals hatte der wohlmeinende, doch äußerst biedere Bundesgeschäftsführer Otfried Hennig den rhetorischen Straßenfeger erfunden: „Wir bauen den Fortschritt auf Stabilität". Politologenseminare für Studierende der höheren Semester hätten sich damit jahrelang beschäftigen können, ohne zu einem greifbaren Ergebnis zu gelangen. Die verdrehte Metapher gemahnte fatal an einen bekannten Leitartikler der bürgerlichen Presse (sein Name sei aus Höflichkeit verschwiegen), dessen journalistische Hervorbringungen sich stets lasen, als wären sie zunächst in Latein abgefasst und hätten bei der Übersetzung etwas an Schwung verloren. Dankbar, aber auch ein wenig gespreizt klingt die Begründung, mit der Wulff das Respekt heischende Votum (96 Prozent) für seine Person und Kandidatur an der Spitze der niedersächsischen CDU quittiert: „Ich bin gern und mit großer Motivation bereit, das Amt des Spitzenkandidaten zu übernehmen." Es komme nun darauf an, sich dafür mit aller Kraft einzusetzen, den Wirtschaftsstandort Niedersachsen zu sichern, den Wohnungsbau auszudehnen, den Umweltschutz zu verstärken und die Kriminalitätsbekämpfung zu forcieren. Wenn die Landespartei ihm „jetzt die Deichsel in die Hand" gebe – ein verrutschtes Sprachbild (denn eine Deichsel lässt sich nicht in die Hand nehmen, weil das Pferdegeschirr daran befestigt ist, wohl aber die Zügel) –, werde er „sie nicht gern wieder loslassen". Die Delegierten hatten verstanden und klatschten begeistert Beifall, darauf kam es schließlich an, denn sie glaubten in diesem Augenblick daran, dass der gutaussehende Blonde „die Sache schon deichseln wird".

Wulffs Berufung in die Position des Spitzenkandidaten bei der bevorstehenden Landtagswahl mochte manchem ungläubigen Parteitagsdelegierten wie ein Wunder erscheinen, anderen saß noch der Schock des niederschmetternden Wahlausgangs von 1990 in den Gliedern. Ernst Albrechts 14 Regierungsjahre waren nun tempi passati; ihnen länger nachzutrauern, entbehrte jeglicher Berechtigung. Nach vorn zu schauen, lautete nun die fast einmütig akzeptierte Parole, und da kam der CDU ein Strahlemann gerade recht.

Ob Wulff sich Chancen ausrechnete, gegen Schröder bei der Landtagswahl einen Stich zu machen, will er nach der Niederlage vom 1. März 1994 weder dementieren noch ausdrücklich bejahen. Er weiß nur noch, dass es seinem eher unauffälligen Ego im Stillen recht gut getan hat, die ihm überraschend angetragene Rolle für seine Partei zu spielen. Denn er gehörte zwar nicht zu den Außenseitern in der CDU-Führung, doch war er eben nicht deren Erster Mann. Immerhin verfügte Wulff mit dem Vorsitz in der CDU-Stadtratsfraktion von Osnabrück und dem Chefsessel des in der Niedersachsen-CDU einflussreichen, zu CDU-Regierungszeiten mit fünf Landesministern gesegneten Bezirksverbandes Osnabrück-Emsland über eine solide Ausgangsposition für den weiteren Aufstieg in der Landespartei. Doch nun gleich zum Spitzenkandidaten avancieren? Das konnte nicht ohne Krach abgehen. Geschah das alles vielleicht etwas zu früh, zu unvermittelt und unvorbereitet? Zuweilen kamen ihm solche Gedanken, doch hütete er sich, sie auszusprechen. Dem Landesvorsitzenden Josef Stock aus Melle bei Osnabrück war früh klar geworden, dass nur ein attraktiver Überraschungskandidat das Schicksal der CDU wenden konnte. Stock präsentierte deshalb absprachewidrig drei Monate vor dem für Januar 1993 anberaumten Parteikongress den jüngeren Parteifreund als seinen Wunschkandidaten für das Amt des Spitzenmannes bei der nächsten Landtagswahl. Für viele überraschend, für manchen altgedienten Parteimann unverständlich, äußerte sich der hoch angesehene Wilfried Hasselmann in einem Brief an Parteifreunde strikt ablehnend gegen den wenig erfahrenen und offensichtlich zu jungen Wulff als Spitzenkandidaten in einem aussichtslos erscheinenden Zweikampf mit dem erfahreneren und älteren Platzhalter Gerhard Schröder (SPD). Der Brief gelangte durch offenbar gezielte Indiskretion an die Öffentlichkeit; ausgerechnet durch Wulffs späteren Parteisprecher Glaeseker, der seinerzeit als landespolitischer Redakteur der Oldenburger „Nordwest-Zeitung" nur seine Chronistenpflicht erfüllen wollte, weil ihm der brisante Brief zugespielt worden war.

Die Führungskrise schien programmiert, und es kam wie es kommen musste: Der Fraktionschef im Landtag von Hannover, Jürgen Gansäuer, der nicht auf den Posten des Spitzenkandidaten spekuliert hatte, widersprach lautstark. Zugleich hatten viele Parteimitglieder und deren Funktionäre in den Bezirken als Wahlkampflokomotive den bewährten Rudolf Seiters favorisiert, der seine politische Laufbahn als Geschäftsführer der Bundestagsfraktion begonnen hatte, danach zu Kohls Amtschef aufgestiegen war und zuletzt als dessen Innenminister fungierte. Auf dem Parteitag selbst war von diesem krisenhaften Hintergrund nicht mehr viel zu verspüren. Die CDU verlangte es nach einem feierlichen (Parteitags-)Hochamt, doch viel weniger danach, in der Sakristei ein Stoßgebet zu verrichten.

Raus aus den alten Puschen!

Die Zeit der Orientierungslosigkeit in der niedersächsischen CDU hatte ihr Ende gefunden, oder es schien wenigstens so. Eine Partei mit dem falschen Vormann befindet sich in einer schrecklichen Lage; eine Partei ohne ist noch ärger dran. Nun hatte sie endlich einen ausgeguckt, keine üble Wahl, wenn man einen Kurs der Erneuerung fahren will, doch vielleicht einen zu jungen, zu unerfahrenen und in seinen politischen Zielen zu unbekannten Christdemokraten.

Nach einer „erneuerten Verhaltenskultur" verlangte es den Kandidaten, wie er in einer in 200.000 Exemplaren verbreiteten Broschüre „ehrlich – mutig – klar" kundtat. Er gibt sich erschrocken ob „der ins Gerede gekommenen Politik unserer Tage". Wulff macht in allen Winkeln des Landes Skandale, Rücktritte am laufenden Band und Mauscheleien aus, die ihresgleichen suchen. Der „neue Leitwolf" (SPIEGEL 9/1994) setzt tapfer und entschlossen „den Mut zur Wahrheit" dagegen.

Der Mann, der „Macho" Gerhard Schröder von seinem Sessel fegen möchte, beklagt den allgemeinen Sittenverfall der politischen Klasse, ohne eine Partei direkt beim Namen zu nennen. Natürlich meint er vor allen anderen die in Hannover und andernorts regierenden Sozialdemokraten, womit er bei den meisten Wählern auf Zustimmung stößt. Die im Ram-

48

penlicht der Öffentlichkeit stehenden Entscheider ziehen stets die Kritik auf sich; Oppositionelle hält man prinzipiell für etwas weniger korruptionsanfällig. Das allein freilich stellt noch kein Wahlprogramm dar, eher schon Kritik an ethisch fragwürdigem Hantieren mit Subventionen, Pöstchenschacher und Medienschummeleien zugunsten der Sozialdemokraten. Natürlich weiß der Sympathieträger fürs gläubige Publikum darin Bescheid, was eine CDU-geführte Landesregierung anpacken müsste, um sich von Rot-Grün zu unterscheiden: Stärkung des Mittelstandes, einen Energie-Mix mit höherem Anteil regenerativer Energien, kein Abrücken von der friedlichen Nutzung der Kernenergie und für eine „ehrliche" Abfallwirtschaft. Das Ganze auf der Grundlage einer prinzipienfesten, sozial gebundenen CDU mit dem Blick nach vorn!

Die Landtagswahl 1994 geht für die CDU verloren; Christian Wulff bleibt gleichwohl unangefochten und bald auch wahrhaftig „erster Mann" der Niedersachsen-CDU. Die Medien nennen ihn mittlerweile ob seines Stehvermögens anerkennend „Jung-Kohl", der rasch an Selbstbewusstsein gewinnt und dem es an demonstrativ vorgetragener Zuversicht nicht mangelt. Zwar nehmen ein paar Hofschranzen in Bonn Anstoß an Wulffs gelegentlichen kritischen Bemerkungen an der Politik der CDU-geführten Bundesregierung. Sie kontern mit ungenauen Gegenvorwürfen an die Adresse des „Quenglers aus Hannover" und dessen „peinlichen Profilierungsversuchen". Es handelt sich hier wie schon früher um das traditionelle Programm einer allzu machtgewohnten Partei, aufmüpfigen Nachwuchs abzustrafen. „Jung-Kohl" lässt sich jedoch kaum beirren. Die Kritik aus Bonn will ihm zwar nicht schmecken, doch ist es ihm wichtiger zum Ausdruck zu brin-

gen, dass die CDU „aus den alten Puschen heraus muss",
wenn sie wieder erfolgreich sein will. Ohne auf eine Begründung im Einzelnen einzugehen, zählt sich der Osnabrücker
Anwalt in öffentlichen Äußerungen zur kleinen Schar derer,
die „auch im Bundesmaßstab die neue CDU darstellen".
Dazu hat er unterdessen volle Berechtigung. Rückendeckung
findet der Niedersachse vor allem in CDU-Generalsekretär
Peter Hintze, der aus der Parteizentrale verlauten lässt, der
Youngster sei nachgerade der „Prototyp des anlaufenden
innerparteilichen Reformprozesses". Längst nicht alle in der
CDU, die in diesen Jahren immer noch von Helmut Kohl be-
herrscht wird, lehnen das nach Alter und Zahl seiner Regierungsjahre ansehnliche Fossil generell ab. Gleichwohl ärgert
es viele Parteifreunde zunehmend, dass Kohl die Führung der
Partei noch nicht auf- und abzugeben gedenkt. Wenige Jahre darauf wird eine erstaunte Öffentlichkeit, vor allem aber
eine düpierte CDU-Anhängerschaft zur Kenntnis nehmen
müssen, dass Kohl eine neuerliche Spitzenkandidatur mit
dem höchst fragwürdigen Nebensatz zu begründen versucht,
er wolle „es noch einmal wissen"!?
Diese in Partei-Kreisen nicht mit ungeteilter Freude aufge-
nommene Ankündigung fällt in die Vorbereitung des Früh-
jahrs 1998, in dem Wulff abermals einen Versuch unternimmt, die oppositionelle CDU in Niedersachsen in Regierungsverantwortung zu bringen. Kohl unterstützt den Niedersachsen mit mehr Anteilnahme und Wärme, als man dem
Pfälzer bei derlei Gelegenheiten zuzutrauen pflegt. Er „er-
kennt sich in dem jungen Mann wieder", an dessen Seite der
„schwarze Riese" unter anderem eine Wahlkampfstation in
Duderstadt bestreitet, so wie er selbst 30 Jahre zuvor gewesen sei: Ein „junger Wilder", und doch schon Fraktionschef

im Landtag von Rheinland-Pfalz, wie sein um eine Generation jüngerer Parteifreund Wulff. Der Parteiboss wirft sich in Gönnerpose: „Der redet auch nicht jedem nach dem Mund ... Der kann hier üben für höhere Aufgaben." Bei Kohl hat solches Lob freilich Methode. Einst pries er die Fähigkeiten von Volker Rühe in den höchsten Tönen, machte ihn zu seinem Generalsekretär, sah ihn bereits als seinen Nachfolger. Als „Volker, der Rüde" es zu bunt trieb und den Alten nicht mehr für voll nehmen wollte, wandte sich der Pfälzer brüsk von ihm ab. Wulff verhielt und verhält sich in jüngerer Zeit – allen Schwierigkeiten im Umgang mit Kohl zum Trotz – taktisch klüger, vielleicht aber auch prinzipienfester als Rühe. Mit überdurchschnittlicher Begabung allein lässt sich in der CDU nicht bruchlos Karriere machen.

Karriereschub durch Kritik

Dieser Satz bildet die Kernaussage eines Typenvergleichs, den das Magazin FOCUS im Februar 1998, rechtzeitig zur Landtagswahl, zwischen Kohl und Wulff anstellt. Das Ergebnis verblüfft, ließe sich aber bei genauerer Betrachtung durchaus relativieren. Doch gibt es Gemeinsamkeiten, die man bei führenden Politikern anderer Parteien seltener finden dürfte. So pflegte der junge Helmut Kohl zur Adenauer-Zeit „mehr Selbstkritik innerhalb der Partei" anzumahnen, um sich anschließend auf dem Besuchersessel vor dem Schreibtisch des Alten von Rhöndorf wiederzufinden. Konrad Adenauer hatte danach nicht nur abfällige Bemerkungen über seinen jungen Gast auf Lager, im Gegenteil. Lob ist für gewöhnlich zwar Balsam für das Selbstgefühl, doch Mut zur Kritik lässt häufig auf förderungswürdige Begabung schließen. Den Mitgliedern der Niedersachsen-CDU blieb lange eine denkwürdige Sitzung mit Bundeskanzler Kohl als Gast am Flughafen Hannover in Erinnerung. Dort sprach Wulff ihn direkt an, dass er häufig selbstgerecht wirke, ob es so sei, könne er nicht beurteilen, aber dass es so wirke, sei dem Ansehen der Union nicht förderlich. Nach der Diskussion kam Kohl um den Sitzungstisch und schlug Wulff vor, noch einmal zu einem Termin ins Kanzleramt zu kommen. Nach wiederholten milden Stänkereien von Wulff gegen Kohls Eigenmächtigkeiten empfing dieser ihn in seinem Amtszimmer, um ihm anschließend das geradezu unanständige Kompliment zu machen, er halte ihn „für eines der politischen Talente in der Union". Der Mann in Hannover wusste dabei nur zu genau, wie lästig er dem alten Schlachtross in Bonn sein musste. Schließlich hatte Kohl noch Wulffs Forderung nach dem Rücktritt des Finanzministers, seines Freundes Theo Waigel, in frischer Erinnerung.

Man kann, wenn man will, auch darin eine Parallele entdecken, dass beide Politiker von ausgeprägtem Ehrgeiz beseelt sind und ihrer Arbeitswut keinen Widerstand entgegensetzen. Außerdem wird dem Pfälzer nachgesagt, er sei bereits als Student davon überzeugt gewesen, in der Politik zu höchsten Ämtern vorzudringen. Verbürgt ist, dass Kohl dann mit Anfang 30 erklärte: „Ich werde einmal Bundeskanzler der Bundesrepublik Deutschland". Bei dieser Gelegenheit sei er zwar betrunken gewesen, doch bekanntlich liegt ja im Weine Wahrheit... Manche Mitschüler von Christian Wulff haben später gesagt, dass sie zu Schulzeiten überzeugt gewesen seien, dass ihm eine politische Karriere auf den Leib geschrieben gewesen sei. Sein niedersächsischer Parteifreund Rudolf (Rudi) Seiters, soviel ist verbürgt und eine schlichte Tatsache, nannte Wulff „einen fleißigen und machtbewussten Generalisten"; eine Aussage, die ebenso auf Kohl anwendbar wäre.

Der vermeintliche „nette Geradlinige" hat seit Jahren längst nicht mehr nur „konservative Hausmannskost" in Vorrat, wie ihm die „Ostfriesen Zeitung" unterstellt. Vielmehr greift Wulff schon bald mit wohlbegründeten Argumenten in einen Streit ein, der namentlich die CDU/CSU auf einem ihrer traditionell herausragenden Gebiete berührt: einer allzu lange sträflich vernachlässigten Familienpolitik! Er hält im Januar 1995 die Pläne von Finanzminister Theo Waigel (CSU) zur Familienförderung für völlig unzureichend. Wulff erhebt die Forderung nach „erheblicher steuerlicher Entlastung und stärkerer Anerkennung von Kindern überhaupt in den unteren Einkommensklassen". Bei Geringverdienenden mit Kindern müsse wieder ein Abstandsgebot zu Sozialhilfe empfangenden Familien greifen, „damit sich Leistung wieder lohnt". Waigel will davon nichts wissen, obwohl er wegen seiner Kritik an angeblich unzureichenden familienpolitischen Vorstellungen seines Vorgängers Gerhard Stoltenberg (CDU) ins Amt gehoben wurde. Wulff macht konkrete Vorschläge für einen einheitliches Kindergeld von 215 Mark bzw. einen Steuerabzug für jedes Kind und einen Kinderfreibetrag von 6.264 Mark. Sobald weitere Verteilungsspielräume gegeben seien, sollten diese zuerst zur Haushaltskonsolidierung und danach zur weiteren Verbesserung der Familienförderung genutzt werden. Der CDU galt eine wohl abgewogene Familienpolitik niemals nur als „Hausmannskost", sondern war stets vorrangige politische Aufgabe von einer ganz unromantischen sachlichen Notwendigkeit: Ohne Kinder keine Zukunft, ohne Familie keine geordnete Gesellschaft.

Leichter gesagt als getan. Nichts ist erfolgreicher als der Erfolg. Und der blieb unserem „Helden" auch bei seinem zweiten Anlauf versagt. Allen gezielten und koordinierten gemeinsamen Anstrengungen hohnsprechend fiel das Ergebnis der Landtagswahl für die Christdemokraten zwar nicht blamabel, aber eben doch zutiefst unbefriedigend aus. Überdies blieben die Liberalen, die ein Partner hätten werden können, knapp unterhalb der Fünf-Prozent-Marke hängen, nämlich bei genau 4,953 Punkten. „Wir machen jetzt ein Fass auf", das hatte er bei der Wahlkampf-Tour im Frühjahr '98 oft gesagt, der Alte aus Bonn. Und Christian Wulff hatte zustimmend genickt, denn Kohl schien fest davon überzeugt, mit seiner Hilfe könne er, der soviel Jüngere, die Sozialdemokraten in Hannover ablösen.

Es kam anders, und das hatte seinen Grund fraglos in den besonderen Umständen, in denen sich die niedersächsischen Sozialdemokraten mit ihrem Ministerpräsidenten Gerhard Schröder befanden. Nach der sich im Frühjahr abzeichnenden Entscheidung für den medienwirksameren Schröder als Kanzlerkandidat der SPD bei der Bundestagswahl im Herbst 1998 – statt des Parteichefs Oskar Lafontaine, der sich auch gern in dieser Rolle gesehen hätte - hatten die niedersächsischen Wähler schon bei der Landtagswahl indirekt auch über „ihren" Kandidaten für das höchste Exekutivamt der Bundesrepublik zu entscheiden; fürwahr eine ungewöhnliche Situation. Sie begünstigt den SPD-Mann Schröder in einem Augenblick, in dem er landespolitisch gar keine gute Figur macht, und in dem es für die sozialdemokratischen Wähler um eine ganz andere Frage geht – und verweist seinen CDU-

Kontrahenten damit abermals auf den zweiten Platz. Franz Müntefering, damaliger SPD-Generalsekretär, hatte am Mittwochnachmittag vor dem Wahlsonntag der Bundespressekonferenz gegenüber erläutert, dass man abweichend vom bisher stets behaupteten Zeitplan am Montagmorgen nach der Niedersachsen-Wahl den Kanzlerkandidaten der SPD nominieren werde. Damit war Stunden vor dem Fernseh-Duell zwischen Wulff und Schröder für alle klargestellt, dass aus der Landtagswahl in Niedersachsen eine Vorwahl des SPD-Kanzlerkandidaten werden sollte. So titelte dann auch die „Welt am Sonntag" am Wahltag: „Heute entscheidet es sich: Schröder oder Wulff und Lafontaine". Wulff stand mit einem Mal gemeinsam mit Latontaine und Kohl zur Abstimmung, wer weder Kohl noch Lafontaine wollte, müsste nunmehr am Wahlsonntag gegen Wulff und für Schröder stimmen. Ein niedersächsischer Finanzdienstleister, der erst Wochen später vom „Stern" ausfindig gemacht wurde, schaltete in allen niedersächsischen Tageszeitungen eine doppelseitige Anzeige mit dem Slogan „Ein Niedersachse soll Kanzler werden". In dieser emotionalisierten Stimmung war kein Platz für landespolitische Erwägungen um die beste Regierung für das Land Niedersachsen in den darauffolgenden fünf Jahren.

Da mochte der tapfere CDU-Kandidat seine Freunde und Anhängerschaft noch so oft daran erinnern, dass die Landespartei unter seiner Führung seit 1994 bei Wahlen bereits dreimal die SPD geschlagen habe: bei der Bundestagswahl 1994 mit einem Landesdurchschnitt von 41,3 zu 40,6 Prozent, bei der Europa-Wahl mit 39,7 zu 39,6 Prozent und schließlich bei den Kommunalwahlen mit 41,6 zu 38,5 Prozent. Sie mochten zuversichtliche Sympathisanten in ihrem

Glauben an einen Sieg der CDU bestärken; erzwingen konnten diese Zahlenvergleiche ihn nicht. Auch nicht der erklärende Hinweis auf jene Umfragen, die den Christdemokraten bei jeder dieser Gelegenheiten schlechtere Werte als die tatsächlich erreichten vorausgesagt hatten. Es wehte kein günstiger Wind für den „Leitwolf". Der Gegner sah sich erneut im Glück und ein halbes Jahr darauf gar ins Kanzleramt einziehen.

Feuertaufe für den jungen Wilden

Im Sommer seines Missvergnügens anno 1998 findet Christian Wulff keinen Augenblick der Entspannung und Muße. Alle CDU-Landesverbände tummeln sich bei den Vorbereitungen für die heiße Phase des Bundestagswahlkampfes. Während einer Wahlreise kommt es auf einem Bauernhof zwischen Diepholz und seiner Heimatstadt Osnabrück zu einer Begegnung mit dem Töchterchen Annalena, der damals Vierjährigen, die bereits Spaß am Ponyreiten hat. Nicht viel mehr als eine Verschnaufpause mit dem Kinde ist dem gestressten Politiker vergönnt. Wulff hadert nicht mit dem Schicksal, sondern ergreift die seltene Gelegenheit von ihrer besten Seite: „Eine halbe Stunde mit Annalena – das ist in diesen Zeiten wie Urlaub für mich."
Vielleicht wird er in diesem Jahr, das die Union um das Kanzleramt bringt und als dessen Folge um einige Hundert weiterer Posten und Pöstchen im ganzen Lande, ernster als bisher (obwohl er gern lacht), jedenfalls reifer und um einen Deut herber im Aussehen. Das wird dem Sonnyboy am Ende guttun. Erfahrung steht ihm nun im Gesicht. Eine Lehre beginnt ihn zu überzeugen. Sie lautet: „Angriffe aus den eige-

56

nen Reihen lassen sich am schwersten erfolgreich abwehren."
Man benötigt ebenso viel Solidarität wie man Verantwortung
trägt. Auf das Gleichgewicht zwischen beiden kommt es offenbar an.

Die Christdemokraten seines Landes zusammenzuhalten,
war ihren führenden Leuten stets eine große Aufgabe gewesen. Wulff muss sie neu anpacken und benötigt hierzu die
Hilfe der älteren Freunde, doch kaum weniger den Beistand
der jüngeren, zu denen er ja selbst noch zählt. Viel hat er
schon erreicht, wenn man von den erhofften Wahlsiegen einmal absieht: Er hat die Partei deutlich verjüngt und auf Kurs
gebracht. Die Position des Chefs der CDU in Niedersachsen
ist deshalb auch unangefochten. Die Niedersachsen-CDU hat
seit Jahren eine vorbildliche Mitgliederentwicklung. Sie ist
zwischenzeitlich die Nr. 2 aller CDU-Landesverbände hinter
Nordrhein-Westfalen und vor dem sehr viel einwohnerrei-
cheren Baden-Württemberg. Die Finanzen, bei denen Wulff
die Partei mit über drei Millionen Mark Schulden 1994 über-
nommen hatte, sind inzwischen konsolidiert. Im Herbst des
Regierungswechsels in Bonn, wo die Bundespartei die von
vielen erwartete Niederlage erst noch verkraften muss, denkt
unser Mann an morgen.

Es fällt seiner Umgebung deutlicher als bisher auf, dass der
Vorsitzende Alkohol meidet, nicht raucht und viel Obst ver-
zehrt, von dem er sich mehr Spannkraft verspricht. Kaffee
genießt Wulff in Maßen, als Aufputschmittel scheint er ihm
nicht willkommen. Seine politischen Analysen werden Woche für Woche klarer und schonungsloser. Die Entwicklung
in Deutschland seit dem Ende des Zweiten Weltkriegs erinnert ihn, wie er nun häufig betont, an Thomas Manns Fa-
milien-Saga *Buddenbrooks*: „Die erste Generation legte das

Fundament, die zweite und dritte Generation mehrten den Wohlstand, und die vierte verprasste ihn."

Das ist nicht mehr die Sprache des „jungen Wilden", der sich bei der neuerlichen Feuertaufe im Frühjahr zu Hannover mächtig die Finger verbrannt hatte. Nach bewährter Art schlägt ein noch nicht in Ehren ergrauter Konservativer, sondern ein immer noch blonder Jüngling mit großen Aufstiegschancen warnende Töne an. Auch die hört man gerne. Überdies war das mit den jungen Wilden doch mehr eine Titulierung der Medien als eine Sache von Profil und hohem Ernst.

Die Bezeichnung wurde erstmals verwandt in einer Sonderbeilage der Zeitung „Die Woche", in der Ole von Beust, Peter Müller, Roland Koch und Christian Wulff über vier Seiten interviewt wurden, um diese Generation innerhalb der Union vorzustellen. Diese jungen Unionspolitiker fühlten sich mit der Bezeichnung als Junge Wilde durchaus geschmeichelt. Jung waren sie gerade für die Verhältnisse der Union und wild fühlten sie sich in Fragen der Ordnungspolitik, der Steuerpolitik und des Abbaus staatlicher Bürokratie. Die Union war stark geworden durch die Jahrgänge um 1930. Diese hatten Jahrzehnte des Aufstiegs von CDU/CSU gestaltet und bestimmt. Die Generation um den Jahrgang 1945, die hätte folgen müssen, war in der Union schwächer als in anderen Parteien vertreten, weil offensichtlich die Bewegung der 68-er dazu führte, dass Bürgerliche sich in Beruf und Familie zurückzogen und den Gang zur Politik kaum gefunden hatten. Jetzt, wiederum 15 Jahre später, trat die Generation der um 1960 Geborenen an, vermehrt Einfluss zu bekommen. Nach dem Regierungsverlust Helmut Kohls 1998 kamen zunächst bei den Landtagswahlen drei Gesprächspartner der besagten „Woche"-Runde an die Macht: zuerst Roland Koch, dann Peter Müller, dann Ole von Beust. Und dies will Christian Wulff am 2. Februar 2003 ebenfalls erreichen.

Von je galt in der Honoratioren-CDU – und Reste davon sind ja immer noch sichtbar – der Brauch, jeden Grünschnabel, der wiederholt im Rollkragenpulli erwischt wurde, als Revoluzzer zu verdächtigen. Kohl war da als junger Mann in Rheinland-Pfalz immerhin einen Schritt weiter gegangen, als er die politischen Ziehväter auf der Mainzer Regierungsbank unter Anspielung auf ihr mittlerweile hohes Durchschnittsalter coram publico als „vereinigte Kalkwerke" verhöhnte. Ähnlich hat Christian Wulff den ersten Bundesvorsitzenden der Jungen Union Deutschlands, Bruno Six, zitiert, als er auf dem Jugendparteitag der CDU Deutschlands durch das Tagungspräsidium als erster Redner der Aussprache aufgerufen wurde. Damals sagte er sinngemäß, dass eine Generation, die zweimal Krieg und Frieden verspielt habe, nicht berechtigt sei, die Geschicke des Landes allein zu gestalten, sondern die jungen Leute an den Entscheidungen beteiligen müsse...

Wulff hatte in einem ganz natürlichen Sinne „dazugelernt", weshalb er einem Auslandsjournalisten auf dessen Frage im Bundestagswahlkampf, warum die „jungen Wilden" denn so plötzlich verstummt seien, prompt den ernüchternden Bescheid gab: „Man kann ja jung und wild sein, muss aber deshalb noch lange nicht den Dummen spielen." Wulff liefert in seiner Person den klassischen Beweis dafür, dass die Junge Union stets das beste Nachwuchsreservoir für eine demokratische Partei gewesen ist und vermutlich bleiben wird. Daran ist nichts Anstößiges. Wenn SPD und Liberale mit ihrem Nachwuchs weniger Freude haben als die Christdemokraten, darf man dies den Jüngern Konrad Adenauers nicht anlasten. Wo ganze Wirtschaftszweige beim Nachwuchs versagen oder schlicht in die Röhren gucken, können die Unionsparteien stolz auf ihre Karriere-Mädchen und Jünglinge sein. Was man in der Gesellschaft allgemein und bei Industrie und Handel keineswegs beklagen würde, kann auch den Parteien nicht schaden. Hier hat sich ein Wandel vollzogen, den vor allem die Sozialdemokratie verpasst zu haben scheint.

Da er nicht als Mann der lauten Töne durch die Lande ziehen möchte, misst Wulff den Erfolg von Wahlveranstaltungen weniger daran, ob sich die Zuhörer vor Begeisterung die Schenkel klopfen. Der etwas Kopflastige bevorzugt zwangsläufig die nachdenklichen Reaktionen, Zuhörer, die verstehen, was er ihnen mit auf den Weg geben möchte. Dafür hält er die Formel parat: „Schröder sagt was ankommt; ich aber: worauf es ankommt." Sein Wort in Gottes Gehörgang! pflichten ihm die Anhänger bei. Wulffs Gegnern bleibt kaum anderes übrig, als ihn weniger in der Sache anzugreifen, als auf sein faltenfreies Äußeres zu rekurrieren. Meist üben solche Ablenkungsmanöver nur geringe Wirkung aus; und bis in die jüngste Gegenwart hinein werden sie ohnehin immer seltener.

Wie viele andere Politiker seiner Generation, die noch keine Regierungsverantwortung trugen, überkommt ihn gelegentlich der Frust des oppositionellen Alltags. Da entwirft man denn schon mal Zukunftsbilder, die unterdessen längst der Vergangenheit angehören, obwohl seither nur wenige Jahre ins Land gegangen sind. Die Grünen, so doziert der noch nicht 40-Jährige, wären auf lange Sicht auch für die CDU ein möglicher Koalitionspartner, jedenfalls will er derlei Bündnisse nicht von vornherein ausschließen. Vor ihm haben andere in der CDU ähnliche Äußerungen getan; ein paar Tage pflegte man sich darüber vernehmlich zu erregen, dann kehrte regelmäßig wieder Ruhe ein, als wäre nichts von Belang geschehen. Und das war es wohl auch nicht. Der Satz, ein Politiker solle niemals „nie" sagen, zeugt ja durchaus von einem gewissen Realitätssinn. Doch ebenso rasch muss man gelegentlich wieder vom Pferd herunter. Denn aus heutiger Sicht stellen die Grünen eher eine den Fortschritt hemmende als antreibende Kraft dar. Ihre Zukunft scheint bereits hinter ihnen zu liegen. Politiker können mit solchen zeitgeschichtlichen Selbstkorrekturen leben, und müssen sich für sie nicht einmal entschuldigen.

Nach der Wahlniederlage im September 2002 jedenfalls hat Wulff denen, die über schwarz-grüne Bündnisse als realitätsnah philosophierten, schnell entgegengehalten, dass dies eine Phantomdebatte sei, weil es zwar in Hessen, Baden-Württemberg, Sachsen-Anhalt und Hamburg erfolgreiche CDU/FDP-Regierungen gebe, aber nirgendwo einen ernsthaften Ansatzpunkt für ein schwarz-grünes Bündnis. Jetzt stünde vielmehr die Auseinandersetzung mit der rot-grünen Bundesregierung im Vordergrund, weil diese das Koordinatensystem in Deutschland verändern würde und damit Maß und Mitte verloren gingen.

Liebe Leute, zieht den Gesetzentwurf zurück...

In die erste und eigentliche Feuertaufe hatte sich der noch

nicht 25-Jährige schon 1984 auf dem Stuttgarter Bundesparteitag begeben. Die um durchschnittlich zwei Generationen älteren Mitglieder der CDU/CSU-geführten Bundesregierung, allen voran der damalige Star im Kohl-Kabinett, Finanzminister Gerhard Stoltenberg, bekamen bei dieser Gelegenheit erstmals zu spüren, mit wem sie es da künftig zu tun bekommen sollten.

Unter anderem ging es auf diesem turbulenten Parteikongress um den später unter dem Druck der Öffentlichkeit und wegen des Widerspruchs des liberalen Koalitionspartners zurückgezogenen Entwurf eines Gesetzes zur nachträglichen Amnestie von Spendern und Spendenempfängern, die gegen steuerrechtliche Bestimmungen verstoßen hatten. Dieser höchst umstrittene Vorgang ist unterdessen Teil der Nachkriegsgeschichte geworden; vor allem hat er Eingang in die Biographien über Helmut Kohl und Wolfgang Schäuble gefunden. Christian Wulff erfuhr einen Tag vor Beginn des Parteitages aus den Zeitungen, was die CDU/CSU-Bundestagsfraktion unter größter Geheimhaltung beschlossen hatte, nämlich eine Freistellung von jeglicher Verfahrensaufklärung und Verfolgung derer, die über Jahre Spenden empfangen hatten. Vermutlich unter klarer Umgehung der Rechtslage. Er war als Landesvorsitzender der Jungen Union in Niedersachsen fest entschlossen, sein Delegiertenrecht in Stuttgart wahrzunehmen, um dies zu verhindern. Amnestie war für ihn als Jurist ultima ratio, letztes Mittel. Dass Parteien im Parlament entscheiden, dass einzelne von ihnen durch Parlamentsentscheid von Verfolgung freigestellt werden und sich nicht der Justiz stellen müssten, würde das Vertrauen in die Politik nachhaltig erschüttern. Er beantragte in der Delegiertenversammlung der Jungen Union Deutschlands, dass ein Antrag gestellt werden möge. Extra herbeigeeilt war der damalige CDU-Generalsekretär Heiner Geißler, um genau dies zu verhindern. Wulff setzte sich durch und stellte mit Roland Koch und dem damaligen JU-Bundesvorsitzenden Christoph Böhr den entsprechenden Antrag: die Bundestagsfraktion aufzufordern, dieses Vorhaben nicht Realität werden zu lassen. Wulff kämpfte dafür anschließend in der Delegiertenversammlung der CDU in Niedersachsen gegen den Ministerpräsidenten Dr. Ernst Albrecht und den Landesvorsitzenden Wilfried Hasselmann. Es war eine leidenschaftliche Diskussion. Am nächsten Tag ergriff Christian Wulff im Ablauf der Debatte zu diesem Antrag das Wort auf dem Bundesparteitag. Er leitete seine flammende Rede so geschickt mit einer, den dubiosen Sachverhalt bewusst verharmlosenden Wendung ein, dass auch kritische Zuhörer ihm zunächst ihr Gehör liehen:

„Ich möchte erst einmal sagen, dass es dieser Partei gut ansteht, dass wir in dieser Form so offen und kontrovers diese Frage diskutieren. Ich glaube ... dass wir der Fraktion schon damit ein gewisses Zeichen geben, wie man es auch hätte machen können."

Diese Formulierung sollte all jene versöhnlich stimmen, die geneigt waren, dem Amnestiegesetz zuzustimmen, das seinerzeit innenpolitisch hohe Wellen schlug – und sich in eine Zerreißprobe der Koalition zu steigern drohte. Für einen jungen Mann, selbst wenn man ihm Grundkenntnisse in forensischer Argumentation unterstellen durfte, war die dann einsetzende Rede eine rhetorische Glanzleistung seiner frühen Jahre. Wulff verstand es, die virulenten Befürchtungen des CDU-Nachwuchses um Glaubwürdigkeit und Respekt vor amtierenden Politikern seiner Partei zu artikulieren. Weitere

einleitende Sätze sollten das unruhige, zum Teil gar aufge-
brachte Auditorium gnädig stimmen, damit es anschließend
um so kräftigere Hiebe hinzunehmen bereit wäre: „Denn junge Leute fragen natürlich nach Glaubwürdigkeit in der Politik, und sie wollen sehen, dass sich ihre persönlichen Auffassungen von politischer Auseinandersetzung in dem
Ringen der Politiker um den besten Weg wiederfinden. Ein
solches Ringen findet heute statt. Das lässt mich jedenfalls
vieles von dem vergessen, was ich an dem Verfahren der Entscheidung [für ein Amnestie-Gesetz, d. A.] zu bemängeln hätte...“ Um etwaige Missverständnisse auszuräumen, wer und
was im einzelnen gemeint ist, schiebt der Redner nach einigen allgemeinen Ausführungen zur Sache folgende, an die
Partei-Solidarität appellierende Sätze nach:
„Die Union wird nicht allein Wahlen gewinnen, die Junge
Union wird nicht allein Jungwähler gewinnen, sondern wir
werden dies nur gemeinsam oder überhaupt nicht tun können. Deswegen ist es doch völlig klar, dass die Junge Union
erstens zu Bundeskanzler Dr. Kohl steht, zweitens zum Parteivorsitzenden und sie drittens geradezu weiß, dass Dr. Kohl
es der Jungen Union im besonderen – in seiner Person ver-
körpert – immer leicht gemacht hat, junge Leute anzuspre-
chen. Das sollte uns gerade auch in dieser Frage, die für uns
alle sehr schwierig ist, weil wir betroffen sind – wir alle – dazu
bewegen, hier die Frage nicht für oder gegen Helmut Kohl
zu stellen, sondern die Frage für oder gegen Amnestiegesetz.“
Damit hatte sich der aufmüpfige Parteitagsdelegierte zunächst einmal von dem Verdacht befreit, zumindest in rhe-
torischer Hinsicht, er plane mit Unterstützung des Nachwuchses eine Generalattacke auf den CDU-Chef. Da Wulff
schon damals verstanden haben dürfte, dass Kohl einen sol-

chen Angriff locker abgewehrt hätte, teilte er dem zum zweiten Mal an dieser Stelle kräftig Beifall spendenden Plenum mit, ein derartiges Manöver sei mitnichten geplant. Jetzt aber war die Szenerie so weit aufgebaut, dass ein paar Hiebe ausgeteilt werden konnten, ohne die Zuhörer aus der Halle zu jagen:

„Ich will sagen, dass die Frage, die sich für mich stellt, zweierlei Punkte beinhaltet: Das ist einmal die Stilfrage. In Sachfragen kann man kontroverser Meinung sein; über Sachfragen wird so oder so in der Politik durchaus hinweg gegangen, indem die Entscheidungen umgesetzt werden. Die Bürger verzeihen aber wesentlich weniger Fehler und Versäumnisse in Stilfragen. Wie Politiker mit sich, wie Parteien mit ihren Rechten umgehen, das ist die Frage, die Menschen viel sensibler, viel aufmerksamer verfolgen, als wir uns dies vielleicht alle bewusst machen." Wiederum Beifall; der Redner kann nun weiter ausholen:

„Da muss ich allerdings sagen, dass ich es schlimm finde, wenn sich ein Parlamentarischer Geschäftsführer der CDU/CSU-Bundestagsfraktion damit brüstet, diese Entscheidung bis zuletzt geheimgehalten zu haben. Die Geheimhaltung führt zu einem schlechten Gewissen der Partei, das wir gar nicht zu haben brauchten." An dieser Stelle bleibt es ruhig im Saal, keine Hand regt sich zum Beifall, und es ertönt auch keine Stimme zu einem etwaigen Zwischenruf.

Das heißt, der Hieb hatte gesessen, vornehmlich bei denen, die sich getroffen fühlten. Das war, wie sich später bei der Abstimmung zeigte, eine deutliche Mehrheit der Delegierten (nämlich 69 Prozent). Mit dem Geschäftsführer war kein anderer als der nachmalige Bundesinnenminister, danach Vorsitzender der Bundestagsfraktion, Wolfgang Schäuble, gemeint. Das Nachrichtenmagazin DER SPIEGEL charakterisierte den Geschäftsführer einigermaßen treffend als einen Politiker, der aus der „Geheimdiplomatie des 19. Jahrhunderts" zu stammen scheint, wie Klaus Dreher in einem, diesem Thema gewidmeten Kapitel seiner vorzüglichen Kohl-Biographie anmerkt. Die von Dreher detailliert recherchierte Vorgeschichte der verwirrenden Amnestie-Debatte jener Jahre gehört zu den Glanzlichtern seines Buches. Wenn es noch des Beweises bedurft hätte, dass Politik in Rechtsfragen um ein Höchstmaß an Transparenz und Offenheit statt verdächtiger Geheimniskrämerei bemüht sein müsse, dann war es dieser Fall, bei dem sich Schäuble nicht gerade mit Ruhm bekleckert hat.

Beifall für Wulff auf dem Parteitag auch dafür, dass es ihm gelang, auf diese Umstände hinzuweisen und dabei die gegen das Amnestiegesetz opponierende Minderheit auf dem Stuttgarter Kongress um etliche Stimmen anzureichern. Jedenfalls versteht man heute besser, dass Geheimhaltung im parlamentarischen Alltag, um es behutsam auszudrücken, unangemessen ist. Und wer sich auf seine Täuschungsmanöver auch noch etwas zugute hält, darf sich nicht wundern, wenn Leute dagegen innerparteilich rebellieren – wie eben Christian Wulff es getan hat.

Es geschah in den Jahren, in denen man verstärkt von Parteien- und Staatsverdrossenheit zu reden begann. Weshalb sich der niedersächsische Nachwuchspolitiker – warum kleckern, wenn man klotzen kann – gleich zum „Sprecher der Basis" erhob, indem er in Stuttgart ausrief: „Liebe Leute, zieht diesen Gesetzentwurf zurück, und überlegt einen anderen Weg!" Mitte Mai 1984, nur wenige Tage nach dem Parteikongress, teilte Kohls Regierungspartner Hans-Dietrich Genscher mit, er finde nun in seinen Parteigremien keine Mehrheit für den Amnestiegesetzentwurf. Darauf gab der CDU-Chef und Bundeskanzler seinen Widerstand so rasch auf, „dass jene verblüfft waren, die ihn gerade noch dabei beobachtet hatten, wie er die Befürworter der Amnestie um sich scharte" (so Dreher in der genannten Kohl-Biographie). Das Gesetz verschwand in der Schublade; es hinterließ vor allem einen tief verstimmten CDU-Generalsekretär Heiner Geißler, dem der Unions-Chef die Qual der öffentlichen Befürwortung des höchst anfechtbaren Gesetzentwurfs zugemutet hatte.

Heiner Geißler hatte Jahre später die Kraft, einzuräumen, dass dies vielleicht sein größter politischer Fehler war, dass er sich hierfür hatte vereinnahmen lassen. Auch andere Spitzenpolitiker der Union waren später vom schlechten Gewissen geplagt, weil sie einsehen mussten, dass die Verfahren zu Ende gebracht werden mussten und es in der Regel auch zu Freisprüchen kam, ohne dass es eines Amnestiegesetzes bedurft hatte. Die CDU Deutschlands hatte nach der Regierungsübernahme 1982 unter Anmahnung einer geistlich-moralischen Wende erhebliche Erfolge auf dem Arbeitsmarkt und in der Haushaltskonsolidierung zu verzeichnen. Seit diesem Mai 1984 aber war die Erfolgsbilanz getrübt und es kam zu einem Rückgang der Mitgliederzahlen, was später von Heiner Geißler durchaus auch darauf zurückgeführt wurde, dass die CDU/CSU ihre Möglichkeiten mit dem Amnestiegesetz überschätzt hatte.

Eines ist freilich auch richtig und spricht für Kohls Weitblick und Fähigkeit, Kritik zu verschmerzen: dass er ungeachtet der oppositionellen Haltung eines JU-Funktionärs, oder vielleicht seiner eigenen Jugend gedenkend, sich später nachdrücklich für Christian Wulff ausgesprochen und ihn entschieden gefördert hat.

Für Wulff war nach der leidenschaftlichen Debatte 1984 persönlich klar, dass jedenfalls ab diesem Zeitpunkt alle im Bereich der Parteifinanzen nach Wortlaut, Recht und Gesetz agieren würden. Nur vor dem Hintergrund dieser damaligen Erfahrungen ist erklärbar, warum sich Christian Wulff als Stellvertreter Wolfgang Schäubles sofort deutlich positioniert hat, als 1999 über das Finanzgebaren Einzelner in der Bundes-CDU Fakten über die „Süddeutsche Zeitung" scheibchenweise an die Öffentlichkeit kamen.

Ringen um Mehrheit und Mitte

Nach der Landtagswahl 1998 schreibt der unterlegene Schröder-Herausforderer sich *Grundsätzliches* von der Seele. Für Wulff steht nun offenbar endgültig fest, dass „Wahlen in der Bundesrepublik Deutschland in der Mitte gewonnen oder verloren werden". Keine ganz neue Erkenntnis zwar, doch immer wieder einer Bekräftigung wert. Der geometrische Ort, an dem die Mitte auszumachen sei, gilt dennoch als politisch weithin umstritten, weil von mindestens einem halben Dutzend Definitionsproblemen abhängig.

Einen konkreten *Beweis* meint der Autor, der zu diesem Fragenkomplex einen längeren Aufsatz in CIVIS, der „Vierteljahresschrift für eine offene und solidarische Gesellschaft" (Herausgeber: Matthias Wissmann, Reinhold Vaatz, Christoph Böhr und Christian Wulff), publiziert, mit dem historisch unbestrittenen Faktum anführen zu können: „Mitte und Mehrheit, das war über lange Zeit das Erfolgsrezept der

Union. Das hat uns [die CDU] zu der Partei gemacht, die unter Führung der Kanzler Konrad Adenauer, Ludwig Erhard, Kurt Georg Kiesinger und Helmut Kohl die 50-jährige Bundesrepublik 36 Jahre lang mit großem Erfolg gestaltet hat. Wir können mit Recht stolz darauf sein, dass Deutschland eines der stabilsten, wohlhabendsten und angesehensten Länder der Welt ist, dass es in Freiheit friedlich vereint und bislang ein Motor der europäischen Integration gewesen ist." Auch die Bundestagswahl im Herbst '98 sei in der Mitte gewonnen worden, freilich von Gerhard Schröder und der SPD. Vor allem Schröder habe es verstanden, schreibt Wulff mit intellektueller Redlichkeit und Unbefangenheit, Teile des Mittelstandes, der Facharbeiter und Angestellten mehrheitlich für sich zu gewinnen. Bis „weit ins bürgerliche Lager" hinein habe er den Bürgern die Angst vor einem Wechsel nehmen und den Überdruss an einer vermeintlich zu lange regierenden bürgerlich-liberalen Koalition für sich ausnutzen können. Es sei aber falsch, wenn gesagt werde, es habe ein „Klima für den Politikwechsel" gegeben. Wulffs Analyse ist richtig und trifft doch nicht ganz den Kern der Sache. Hätte er im Folgenden dargetan, dass es den Wählern vorrangig darum gegangen sei, Kohl abzulösen, hätte er buchstäblich ins Schwarze getroffen. Den Namen Helmut Kohl lässt der Oppositionspolitiker an dieser Stelle seines CIVIS-Beitrags noch unerwähnt. Man spürt etwas davon, dass es absichtlich geschieht. Nicht ganz abwegig scheint die Schlussfolgerung, eine Mehrheit der Wähler habe als Konsequenz aus der Bundestagswahl eine große Koalition befürwortet. Durch Zahlen belegen lässt sich diese nachträgliche Überlegung allerdings nicht.

Ohne jede Einschränkung zutreffend dagegen Wulffs beinahe prophetischen Darlegungen zu den von der rot-grünen Koalition verursachten innenpolitischen Turbulenzen in den auf die Wahl von 1998 folgenden Jahren: „Eines der fundamentalen Probleme der neuen Regierung besteht darin, die linke Mehrheit und ihre politischen Absichten im 14. Deutschen Bundestag in Einklang mit den Erwartungen der Mitte zu bringen, von der sie gewählt wurde. Hier tut sich ein Grundwiderspruch auf, der deutlich macht, dass trotz klarer SPD/GRÜNEN/PDS-Mehrheit eben nicht von einer neuen stabilen Wählerbasis für die politische Linke gesprochen werden kann..."

Politisch naheliegende Überlegungen hinsichtlich neuerlicher Chancen stellen sich ein, nämlich dass sich bei einer mobileren Wählerschaft als je zuvor alsbald auch verlorenes Terrain für die Union zurückgewinnen lasse. Ergo empfiehlt der angeblich ewig Zaudernde, in Wahrheit gern zupackende Wulff seiner Partei mehr Selbstbewusstsein: „Unsere Politik ist im Kern richtig gewesen." Bloß nicht vor dem Zeitgeist in die Knie gehen, um sich übereilt des Marschgepäcks zu entledigen, das man später vielleicht noch brauchen wird. Respekt davor, dass der damals 39-Jährige bereits unmittelbar nach Schröders Amtsantritt mit kalter Präzision registriert, dem SPD-Kanzler gehe es weniger um das Erreichen politischer Ziele als um die Sicherung der eigenen Karriere: „Schröder redet gefällig, handelt aber nicht entsprechend." Die so genannte „Lichtgestalt" werde bald im Dunkeln stehen; auch dies ein zunächst wohl nur erahntes Bild, das so richtig erst Jahre später, im Bundestagswahljahr 2002, zur Anschauung gelangte.

Über Prinzipien politischen Handelns nachzudenken muss ja nicht heißen, dem Konkreten völlig auszuweichen. Folglich kommt Wulff auf eine Forderung zurück, für die er und seine Niedersachsen-CDU einige Jahre zuvor von der Bundespartei zu Unrecht gescholten wurden: „Als die Niedersachsen-CDU 1995 eine umfassende Neuregelung des Familienleistungsausgleichs mit höherem Kindergeld und einer Anhebung der Kinderfreibeträge vorschlug, wurde sie der ‚Sozialdemokratisierung' bezichtigt, obwohl dieser Weg wegen der Vorgaben des Bundesverfassungsgerichts und wegen der offensichtlichen Benachteiligung von Familien und Alleinerziehenden, die durch harte Arbeit ihren Lebensunterhalt verdienen, gegenüber Sozialhilfe empfangenen Familien richtig war."

Wulffs soziales Engagement bedeutet nicht, für systemgerechte ökonomische Überlegungen blind zu sein. So hat er niemals versucht, die Argumentation für eine Reform der Steuertarife mit Forderungen nach einer ausgleichenden Steueranhebung zu verknüpfen. Derlei Koppelgeschäfte waren und sind ihm als liberalem und doch sozial verpflichtetem Wirtschaftspolitiker fremd. Deshalb findet er es in seinen damaligen Grundsatzüberlegungen äußerst misslich, dass die Diskussion über die Steuerreform „von Anfang an unter der leidigen Debatte über eine Mehrwertsteuererhöhung litt".

Wulff freilich sah die Möglichkeit, eine Steuerreform und einen neuen Familienleistungsausgleich zu kombinieren, ohne Steuern erhöhen zu müssen, wenn man nur die Prioritäten richtig setzen würde. Insofern hat er sich 1995 als erster in der Union für den Familienleistungsausgleich massiv engagiert, auf die Forderungen der Sozialdemokraten – drei Kinder macht 750 Mark – reagiert und sich dann auch in der Steuerreformkommission von Wolfgang Schäuble mit

Bundesfinanzminister Theo Waigel angelegt, der diese durchgängige Form, die Gunnar Uldall mit Steuersätzen von 15, 25 und 35 % ins Gespräch gebracht hatte, schlichterdings verhindern wollte.

Neue Besen kehren gut, aber die alten wissen, wo der Schmutz liegt...

Am Ende kommt sein Grundsatzartikel auf die wesentlichen Dinge, die man gar nicht oft genug hervorheben kann. Etwa darauf, dass sich die CDU allzu lange darauf verlassen hat, mit dem publikumswirksamen, leicht magisch anmutenden Begriff *Zukunft* zu operieren, zuweilen wohl auch ein wenig zu jonglieren. Der Partei war es tatsächlich gelungen, diesen zentralen politischen Begriff über Jahre hinweg zu „besetzen". Das heißt: Mit Freiheit, Fortschritt und eben *Zukunft* verbanden Wähler aller Bevölkerungsschichten eher die CDU als eine andere Partei. Der Vorsprung war nun kleiner geworden. Wie wandelbar die Einschätzungen sind, zeigt sich daran, dass die Unionsparteien unterdessen ihr früheres Beinahe-Monopol in dieser Frage zurückerobern konnten.

Als Mann des offenen Wortes scheut der Kritiker vor der Anmahnung von ein paar deutlichen, ins Innere der Partei zielenden Korrekturen nicht zurück. Permanente Berufungen auf Leistungen der Vergangenheit reichten nun wirklich nicht länger aus, nachdem sich die Kohl-Regierung von der Bühne verabschiedet und eine zunehmend orientierungsbedürftige Union hinterlassen habe. Die Wahlkampf-Plakatierung „Weltklasse für Deutschland" nennt Wulff im Nachhinein „einfallslos", selbst wenn sie eine im Kern berechtigte Aussage enthielt. Das Wahlergebnis empfiehlt er dringend zu akzeptieren und nicht etwa als „Betriebsunfall" zu verharmlosen: „Die große Ära von Bundeskanzler Helmut Kohl ist leider zu Ende." Jetzt müsse die Parole lauten, die Informationsstränge „von unten nach oben" statt wie bisher von „oben nach unten" intensiver zu nutzen.

Zwar zollt der Osnabrücker dem CDU-Ehrenvorsitzenden Wilfried Hasselmann aus vollem Herzen Beifall, der gesagt hat: „Neue Besen kehren gut, aber die alten wissen, wo der Schmutz liegt..." Doch müsse sich die Partei verstärkt interessanten Persönlichkeiten öffnen, Erfahrung und Unverbrauchtheit bereitwilliger als bisher aufnehmen. In der Folgezeit beweist gerade Wulff selbst bei der Wahl seiner engsten Mitarbeiter eine sichere Hand bei gleichzeitig absoluter Unvoreingenommenheit.

Nicht alle in der Partei waren begeistert, als Friedbert Pflüger und Martina Krogmann seine stellvertretenden Landesvorsitzenden in Nachfolge von Rita Süssmuth und Rudolf Seiters wurden. Martina Krogmann hatte er selbst zur Union gebracht. Sie war im Amerikanischen Generalkonsulat in Hamburg tätig und hatte Dossiers über die volkswirtschaftliche Situation Norddeutschlands anzufertigen. Er gewann sie für die Union, sie bewarb sich um ein Bundestagsmandat in Stade in Nachfolge des Vorsitzenden des Rechtsausschusses W. Horst Eylmann, setzte sich durch und gehörte seitdem als Internetbeauftragte der CDU/CSU-Bundestagsfraktion dem Bundestag an. Wulff holte sich einen erfahrenen jungen Bürgermeister, Uwe Schünemann aus Holzminden, als neuen Parlamentarischen Geschäftsführer der Landtagsfraktion, der als Industriekaufmann bei einem Großunternehmen handfestes Marketing gelernt hatte, und machte das jüngste Mitglied des

Landtages, David McAllister, mit 31 Jahren zum neuen Generalsekretär der Niedersachsen-CDU. Er ist als Deutsch-Schotte der einzige Ausländer im Landtag und zweisprachig groß geworden. Vor seiner Wahl zum Generalsekretär war McAllister Bürgermeister des Fleckens Bad Bederkesa und im strukturschwachen Landkreis Cuxhaven dortiger Fraktionsvorsitzender der CDU-Kreistagsfraktion. Zum Ausgleich wurde der Landwirt Heinrich-Wilhelm Ronsöhr dritter stellvertretender Landesvorsitzender, um den überwiegend ländlichen Teil Niedersachsens zu repräsentieren. Mit ihm pflegt Wulff ein ausnahmslos positives und gutes Verhältnis. Modernität einerseits und Heimatverbundenheit andererseits sind der CDU in Niedersachsen seit jeher keine Gegensätze.

Der niedersächsische CDU-Chef kann sich bei seinen nun immer entschiedener vorgetragenen Reformideen auf die demoskopische Erkenntnis stützen, dass seine Partei bei den 18- bis 30-Jährigen besser abgeschnitten hat als bei den Jahrgängen zwischen 31 und 40. Bei den Jüngeren darf eine höhere Neigung zur Veränderung politischer und gesellschaftlicher Strukturen vermutet werden.

Es war wohl auch die Erfahrung in Auseinandersetzung mit Gerhard Schröder, dass dieser sich immer wenig an den Verstand gewandt hat und mehr an Emotion und Gefühl. Dies kam ihm beim Stand der Exekutive sowohl bei der Flutkatastrophe als auch beim Schüren der Ängste vor einem Irak-Krieg in den letzten Wochen vor der Bundestagswahl 2002 zugute. Mit dem Ausgang der Wahl hat Wulffs Mahnung nach dem Verlust der Regierungsmehrheit 1998 unverändert plastischen Wahrheitsgehalt. Damals mahnte er an, „sich den Menschen mit Herz und Verstand zuzuwenden", und meinte, „dass Geschlossenheit und Mut, mit denen wir das tun, darüber entscheiden werden, wie groß die Chance sein wird, aus der Opposition wieder heraus zu finden und wie lange die Oppositionszeit dauern wird..."

Gemeinsame Verantwortung der Deutschen

Mit 36 Jahren zieht Wulff eine erste Lebensbilanz; ein Versuch, mehr nicht, doch immerhin seinen Standort in der Gesellschaft und der mit ihm verbundenen Übernahme gesellschaftlich bedingter Verhaltensweisen durch das Individuum beschreibend: „Ich bin Jahrgang 1959. Meine politische Sozialisation habe ich im Wesentlichen in den Jahren 1970 bis 1980 erfahren. In dieser Zeit bin ich im Elternhaus nur wenig und in der Schule überhaupt nicht mit dem Thema Nation in Berührung gekommen, obwohl ich meine, recht gut aufgepasst zu haben. Erst durch meine Mitarbeit in der Schüler-Union und in der Jungen Union wurde ich mit dem Thema konfrontiert – doch eher als distanzierter Betrachter, wenn z. B. bei der Jungen Union, dann später bei der CDU am Ende von Parteitagen die Nationalhymne gesungen wurde. Mir erschien das eher von Pathos geprägt – manchmal fremd, manchmal unangenehm, vielleicht sogar ab- und ausgrenzend –, bis ich mich dann intensiver mit dem Text der Hymne, mit deutscher Geschichte überhaupt beschäftigte. Vor allem begann ich mich für die gemeinsame Verantwortung der Deutschen, für ihre Geschichte und die aus ihr resultierenden Entwicklungen, für den Themenkomplex Freiheit, Einheit und Nation zu interessieren. Das führte dazu, dass ich 1976, als 16-jähriger, einen Leserbrief gegen die Menschenrechtsverletzungen in der DDR verfasste, in dem ich insbesondere auf die Selbstschussanlagen an der Grenze einging..."

Verständlicherweise bewegte den Nachwuchspolitiker die Frage, ob nicht die Deutschen, die das Glück hatten, in Freiheit zu leben, für die Landsleute im anderen Teil Deutschlands eine Mitverantwortung zu tragen hätten. Seiner selbst und der Bedeutung seiner Arbeit in der Politik immer stärker bewusst werdend – denn Wulff kandidierte unterdessen für das Amt des Ministerpräsidenten – zitiert er aus einem Kommentar, den er zum 13. August 1980 verfasste. Ein Journalist hatte ihm den Text aus dem Zeitungsarchiv herausgekramt und ihm zur Bestätigung der Richtigkeit seiner Ansichten zugesandt. Es hieß darin:

„Der 13. August hat diesseits und jenseits der Mauer mit Normalität nichts zu tun. Er bedeutet Fortdauer eines widernatürlichen und deshalb unerträglichen Zustandes. Die DDR gibt damit vor, dem Frieden in Europa zu dienen, doch diese Art von Frieden kann nicht befriedigen."

Es war die Zeit, in der große Teile der deutschen Sozialdemokratie am liebsten erklärt hätten, dass die DDR sie nicht näher angehe als die Verhältnisse in Timbuktu. Ganz ähnlich drückte sich später einmal der zwischenzeitlich zum SPD-Vorsitzenden avancierte Parteirebell Oskar Lafontaine aus, als er sagte, das Schicksal eines x-beliebigen Nigerianers sei ihm mindestens so wichtig wie ein deutschstämmiger Spätaussiedler. Es handelte sich um eben jenen sozialdemokratischen Wortakrobaten, der den einstigen SPD-Bundeskanzler Helmut Schmidt wegen seiner Herkunft aus dem preußischen Beamtentum als einen „Mann von Sekundärtugenden" abzutun pflegte. Und er meine damit eben „jene Tugenden, die auch einen KZ-Aufseher" ausgezeichnet hätten. Lafontaine machte sich damit zum Außenseiter seiner Partei; eine Rolle, in der er – sofern man ihn überhaupt noch zur Kenntnis nimmt – bis heute zu brillieren versteht. Skandalnudel „Oskar" war es, der noch im Herbst 1989, kurz vor dem Zusammenbruch des SED-Regimes in Ost-Berlin, im saarländischen Parlament für die offizielle Anerkennung der Zweistaatlichkeit in Deutschland votierte.

Auch Christian Wulff, er bekennt es rückhaltlos offen und ehrlich, hatte seine Schwierigkeiten mit dem nationalen Pathos. Doch seine Orientierung geriet besonnen-nüchtern, nicht in anachronistischer Weise gegen den Strich bürstend wie die Haltung des zeitweiligen SPD-Chefs. In seiner Bilanz der frühen Jahre spricht er von seiner Einstellung zur Nation, dass sie „mehr rational als emotional geprägt" gewesen sei, und „dass ich Begriffe wie *Liebe zur Heimat, Patriotismus, Nationalgefühl* eher als altmodisch empfunden habe. Zu keinem Zeitpunkt habe ich auch Max Weber beipflichten können, erst die Nation wecke die innere Bereitschaft, sich solidarisch für die Gemeinschaft einzusetzen. Dennoch habe ich mich immer als Deutscher gefühlt, als Angehöriger der deutschen Nation, und die daraus erwachsene Verantwortung gespürt. Das war auch einer der Gründe, aus denen ich seinerzeit zur CDU gegangen bin, bei der ich das Thema Nation am besten aufgehoben wähnte, obwohl die CDU nach ihrem Selbstverständnis eine europäische, weltoffene und tolerante Partei ist..."

Dass diese Auffassungen einander nicht ausschließen, weiß natürlich auch der weltoffene und tolerante Wulff, mit einem Herzen für Europa ebenso wie für sein Vaterland. Man sollte, so schreibt er, „die Begriffe Nation und Vaterland nicht einfach von sich schieben". Und ihm war bewusst, ganz zu

Recht übrigens, dass solche Meinung zu vertreten Anfang der 80er Jahre „nicht unbedingt im Trend lag", um es vorsichtig auszudrücken. Der Trend wies tatsächlich damals in eine ganz andere Richtung: weg vom Streben nach Einheit, Akzeptanz zweier deutscher Staaten, Stabilisierung des Status quo und wie die Schlagworte sonst noch heißen mochten. Noch 1988 wurde von Seiten der CDU/FDP-Koalition die Transitpauschale zugunsten der Machthaber in Ost-Berlin beinahe verdoppelt – und auf zehn Jahre garantiert! Ein Zeichen der Hoffnung auf bevorstehende radikale Veränderung der unbefriedigenden Verhältnisse mitten in Europa war das gerade nicht. Ein Wahlslogan der Bundes-CDU in diesen Jahren lautete „Weiter so Deutschland!" Man hätte gern gewusst, wie man dies unter den Bedingungen des Fortbestehens der Teilung Deutschlands verstehen sollte.

Wulff hatte ja recht mit seiner Einschätzung, die er in seiner ersten Lebensbilanz kundtat, „dass sich auch in der Union unterdessen viele auf das Bestehen zweier deutscher Staaten eingerichtet hatten". Einem Nationalchinesen gegenüber mochte der Niedersachse Mitte der 80-er Jahre keine auch nur annähernd verlässliche Schätzung darüber abgeben, wann denn mit einer Vereinigung des geteilten Deutschland zu rechnen sei. Im 20. Jahrhundert jedenfalls nicht mehr. Der „Nation"-Begriff, so wie ihn Richard von Weizsäcker definierte, ließ ihn einige Zeit offenbar nicht los. Weizsäcker hatte geschrieben und bei vielen Gelegenheiten betont, dass „wir Deutsche ein Volk und eine Nation sind, und uns deshalb zusammengehörig fühlen, weil wir dieselbe Geschichte durchlebt haben". Christian Wulff konnte später nicht mehr viel damit anfangen und stellte der Behauptung des früheren Bundespräsidenten die Frage entgegen, „ob sich die Nation in einer

Zeit, in der es um das Überleben der Menschheit und um internationale Zusammenarbeit geht, nicht längst überlebt hat?" Die Frage stellen heißt noch nicht, sich den Gedanken zu eigen zu machen. Wulff ist jedenfalls weit entfernt davon, einem wilden Antinationalismus das Wort zu reden, wie er seinerzeit in Parolen vom Schlage „Deutschland halt´s Maul" oder „Nie wieder Deutschland" zum Ausdruck kam. Die Deutschen haben von jeher ihre Schwierigkeiten mit der nationalen Identität gehabt, was ganz natürlich ist, weil es ein geeintes Reich nur für einige Jahrzehnte gab, und ausgerechnet im Totalitarismus des so genannten Dritten Reiches seinen Tiefpunkt und anschließenden Untergang erfahren musste. Es erscheint deshalb plausibel, wenn sich die Deutschen mit dem nationalen Selbstverständnis schwer tun. Christian Wulff bekannte sich „vor dem Hintergrund der deutschen Geschichte" dazu, wie viele kluge und ehrliche Leute mit ihm.

Diese Selbsterforschung in nationalen Dingen gehört bis in die Mitte der 90-er Jahre zum Besten, was er geschrieben hat. Man erfährt etwas von der geistigen Struktur des Politikers, der sich dafür entschieden hat, soviel Offenheit wie irgend möglich zu bieten. Das ist nicht immer ganz ungefährlich, aber der Christdemokrat in neuzeitlichem Zuschnitt, der er sein und nicht nur vorgeben möchte, will es nicht anders. Rabiate Deutschlandfeindlichkeit, getarnt als Lust zu ungehemmter Selbstkritik, das mag er nun wiederum gar nicht. Deshalb ist ihm zuzustimmen, wenn er das Fehlen einer „nüchternen Bereitschaft" beklagt, „uns selbst und einander als Deutsche anzunehmen". Zu fordern sei „ein Bewusstsein für die richtige Balance zwischen absolutem moralischem Anspruch und politischer Notwendigkeit".

Das zeigt sich – Wulff sieht die Zuspitzung einer erst jetzt virulenten Diskussion um den richtigen Weg zu einer vertretbaren und ausgewogenen Zuwanderungspolitik damals schon voraus – an den weit verbreiteten Grundmissverständnissen über eine Außenpolitik, die man angeblich direkt an der Geschichte orientieren müsse. Dabei ist und bleibt gerade Außenpolitik Interessenpolitik. Ergo lautet sein kluges Fazit: „Ebenso wie die Erhebung der Bergpredigt zum sicherheitspolitischen Programm führt der selbst verordnete Anspruch, allen Notleidenden dieser Welt vor dem Hintergrund der Verbrechen deutscher Geschichte nun in Deutschland eine Heimstatt bieten zu wollen, politisch in Sackgassen und moralisch zur Selbstüberforderung." Recht hatte er damals; und heute noch viel mehr.

Nichts gegen gutgelaunte Analphabeten...

Als Schüler bereits entdeckt Wulff für sich das womöglich zentrale Thema seiner politischen Laufbahn – und seiner Zeit: die Bildung. Genauer: die Bildungspolitik. Er ist soeben zum Sprecher der Schüler-Union aufgestiegen und setzt sich hin, um einen langen, gründlichen und weit ausholenden Aufsatz zum Thema „Schule und Bildung" zu Papier zu bringen. Wir schreiben das Jahr 1979. Die Mutterpartei blickt gerade auf eine zehnjährige Oppositionsperiode im Bund zurück und sieht noch keinen konkreten Anlass zu glauben, dass sich dieser Zustand bald zum Besseren wendet.
Wie viele aufstrebende junge Leute seiner Generation denkt auch unser 19-jähriger Christian an ein noch unbestimmtes Morgen, und den Weg dorthin möchte er nicht nur mit gu-

ten Vorsätzen, sondern mit wohlbegründeten politischen Vorschlägen pflastern. Die Klarheit seiner Handschrift erscheint noch zwanzig Jahre später überraschend, und Idee und Diktion mögen die völlig Ahnungslosen sogar verblüffen, während sie die Eingeweihten immerhin erahnen lassen, dass hier einer weit in die Zukunft vorauseilt. Der junge Wulff will sich etwas „über die augenblickliche schulpolitische Situation" von der Seele reden beziehungsweise schreiben, wie er untertreibend bemerkt. Denn seine Darlegungen in einem von Heiner Geißler und Matthias Wissmann herausgegebenen Buch über „Zukunftschancen der Jugend" stellen eine ebenso herbe wie zutreffende Kritik vor allem an den ideologisch verfehlten Ansätzen der damals beliebten „integrierten Gesamtschule" dar. Selbst christdemokratische Bildungspolitiker hatten sich von ihr anstecken lassen. Inzwischen gibt niemand mehr einen Pfifferling für sie. Die Gesamtschule hat sich, von wenigen Ausnahmen abgesehen, als ein bildungspolitischer Rohrkrepierer erwiesen.

Zynismus des schulischen Alltags: Während prominente Bildungspolitiker der Linken immer hemmungsloser diesen Schultypus priesen und gegen öffentlichen Widerstand und Elternprotest durchzudrücken suchten, schickten sie traditionsbewusst ihre eigenen Zöglinge aufs Gymnasium. Das war die Wirklichkeit, während man ansonsten den herkömmlichen Erziehungs- und Bildungsauftrag der Schule entweder einfach vergaß oder gar in Abrede stellte. Nicht so Wulff. Er fand im übrigen „die theoretische Diskussion in Permanenz für die Betroffenen [also die Schüler – d. A.] unerträglich".

Es war eine ungemütliche Zeit. Die Nachwirkungen der 68-er Turbulenzen und die nicht zur Ruhe kommenden ideologischen Auseinandersetzungen an den Universitäten und in den bildungspolitischen Gremien sorgten zusätzlich für ein wenig gedeihliches Klima. Fast täglich waren in den Zeitungen Berichte über Selbstmordversuche und psychiatrische Behandlungen bei Schülern zu lesen; kaum einer vermochte sich darüber noch groß aufzuregen. Es war betrüblicher Alltag. Davon irritierte Parlamentarier und Parteipolitiker, Philologen und Pädagogen – die sich manchmal auch erfolgreich als Demagogen erwiesen – neigten zu kurzatmigem Experimentieren mit geistigen Grundlagen, an die man nicht ungestraft rühren sollte. Wulff konstatierte: „Inzwischen sind die Themen Schulstress und Humanisierung der Schule zerredet, ohne dass Entscheidendes getan worden wäre. Eine allgemeine Schulmüdigkeit, die bis hin zur Schulangst mit krankheitsspezifischen Symptomen führt, greift aber immer noch ebenso wie eine gewisse Ziel- und Orientierungslosigkeit der jetzigen Schülergeneration um sich." Ein schlimmer Befund. Die Situation an deutschen Schulen hat sich bis zum Eintritt in das neue Jahrhundert (und Jahrtausend) in dieser Hinsicht vielleicht ein wenig gebessert, oder doch wieder nicht, denn inzwischen haben wir die bekannten Schwierigkeiten mit dem Drogenmissbrauch an Schulen jeglichen Typs. Und wir stellen gravierende Bildungsmängel fest, die TV-Quizmaster Günther Jauch zu der Bemerkung veranlassten: „Nichts gegen gutgelaunte Analphabeten, aber irgendwann ist man dankbar, wenn die Kinder Vater nicht mehr mit F schreiben..."

Schulreform und Schulwirklichkeit – sie hatten bald nichts mehr miteinander gemein. Auch die allerbesten Absichten gingen in Planungschaos und Zuständigkeitswirrwarr unter. Schuld waren die zahllosen, meist völlig unausgegorenen

Ideen von Bildungstheoretikern, die den Zugang zur schulischen Wirklichkeit in oft grotesker Weise verfehlten. Erschwerend kamen hinzu: Lehrermangel, Raumnot und veraltete Schulbauten. Die Analyse kam zu erschreckenden Ergebnissen, eine erfolgversprechende Therapie war nicht in Sicht. Wulff, der sich mit seinem Buchbeitrag erstmals zu Bildungsfragen äußerte, beklagte vornehmlich den Umstand, „dass Schulmodelle aus ideologischen Gründen vielfach unkritisch in das Schulwesen Eingang fanden, ohne zuvor in Schulversuchen ihre praktische Überlegenheit gegenüber dem herkömmlichen Bildungswesen unter Beweis gestellt zu haben." Interessanterweise beklagt der eher kopflastige Wulff am modernen Unterrichtswesen die vermehrt auftretenden psychischen Belastungen der Schüler durch allzu theoretische Lehrmethoden. Jedenfalls ist ihm der „Intellektualismus" und die Neigung zur „übertriebenen Wissenschaftlichkeit" ein Dorn im Auge. Der CDU-Politiker hält nichts davon, dass man einseitig – wie noch der Bildungsbericht der SPD/FDP-geführten Bundesregierung von 1970 – rund 50 % eines Geburtenjahrgangs zum Abitur führen will, damit alles am Abitur ausrichtet und die berufliche Bildung vernachlässigt. Ihn ärgert die „Bindungslosigkeit" und „Beziehungslosigkeit", in der Schüler dem Unterricht ausgesetzt seien, nicht aber, dass sie zuviel lernten. Die modernen „Lernfabriken" hält er für bildungsfeindlich, weil sie nicht auf individuelle Lernfähigkeiten ausgerichtet seien. Anders als eine Generation später geißelte er, wie viele Kritiker mit ihm, das Ideal des so genannten Fachidioten. Denn inzwischen findet man auf den Schulen mehr Schüler, auf die eher der zweite Wortbestandteil zutrifft, sofern man berücksichtigt, was man ihnen beizubringen pflegt und was sie als geistigen Besitz nach Hause tragen. Denn die Schüler können nur soviel wissen, wie eine kluge Pädagogik zulässt.

Bildungsfragen begleiteten den aufstrebenden Nachwuchspolitiker über die Jahrzehnte hinweg. 1993 konnte er feststellen, dass seine Partei „die Bildungspolitik wiederentdeckt hat", wie er in der *Sonde* (Nr. 1/2, '93) schrieb. Noch einmal setzte Wulff ein kräftiges Ausrufezeichen hinter seinen anderthalb Jahrzehnte zuvor formulierten Grundsatz: „Die Schule kann auf Dauer nur von den Inhalten her erneuert werden". Mit dem richtigen Instinkt für das Machbare überzieht er die Sucht des politischen Gegners mit gebührendem Spott, den Streit über organisatorische Veränderungen des Schulwesens und der Lernstruktur als Alibi für den Verzicht auf substantielle Reformen der Bildung endlos fortsetzen zu wollen: „Wenn Sozialdemokraten immer noch der alte marxistische Traum im Kopf herum spukt, dass das Sein das Bewusstsein bestimme, Strukturreformen in der Bildungspolitik auch neue und besser gebildete Menschen hervorbringe, so mögen sie dabei bleiben. Christdemokraten werden sich jedoch um die Inhalte kümmern, mit denen junge Menschen ihre Zukunft und die Herausforderung ihres Lebens besser bestehen können."

Die CDU in Niedersachsen entschied sich jedenfalls am Tag der Nominierung von Christian Wulff zum Spitzenkandidaten für die Abschaffung der Orientierungsstufe und eine bildungspolitisch klare Ausrichtung. Als Kandidatin für das Bildungs-, Frauen- und Familienministerium präsentierte Christian Wulff Annette Schavan, bis dato eine ziemlich unbekannte Direktorin des Cusanuswerkes der deutschen Bischofskonferenz. Ein glänzender Personalvorschlag. Sie wurde später Kultusministerin in Baden-Württemberg, KMK-

Präsidentin und 2002 Bundesbildungsministerkandidatin Edmund Stoibers für die Bundesregierung.

Zugegeben: Auch in der Kritik an den Auswüchsen einer offensichtlich verfehlten Schulpolitik wäre noch mancher allzu theoretische Winkelzug zu bemängeln. Doch recht hatte Wulff eben mit seiner pragmatischen Feststellung, dass „die Schule der Schlüssel zur Welt ist" und wenn die Welt sich verändert, junge Menschen andere, eben neue Schlüssel in die Hand bekommen müssen, „wenn sie nicht draußen vor der Tür bleiben sollen".

Das heißt: Es kommt auf die Lernziele an, oder – wie es der Politiker auszudrücken pflegt – auf die „Inhalte", nicht oder doch weniger auf organisatorische Strukturen und sonstiges überflüssiges Regelwerk. Darin hat Wulff recht behalten, wie all jene, die sich an der Praxis orientierten und nicht ideologischen Impulsen nachgaben, die sie „modern" erscheinen lassen sollten, wo sie doch verkannten, was die Zeit ihnen tatsächlich an Aufträgen längst erteilt hatte.

Unbeirrbar bleibt er dabei, so dass im Jahr der Bundestagswahl 2002 und exakt ein Jahr vor der Landtagswahl am 2. Februar 2003 sein Motto wiederum nur lauten konnte: „Auch das richtige Schulkonzept entscheidet die Wahl." Das politische Ziel heißt nun: „Qualitätsschule", was man auch darunter in einem Land weithin verloren gegangener Bildungsprinzipien verstehen mag. Wulff hat den Begriff in die öffentliche Debatte eingeführt, das Ziel ist damit markiert, und die Kritik am unübersehbaren Entscheidungswirrwarr der Schulbehörden in Niedersachsen nicht länger von der Hand zu weisen. Der sozialdemokratische Ministerpräsident Sigmar Gabriel, selbst aus der Erwachsenenbildung kommend, hat sich in Widersprüche verwickelt, aus denen es kein Entkommen zu geben scheint: Einerseits will er die so genannte Orientierungsstufe abschaffen, um dann mit äußerst komplizierten Konzepten über Förderstufen ohne jede innere und äußere Differenzierung den dadurch angeblich entstehenden Mangel wieder auszugleichen.

Wulff stellt dagegen mehr Nachmittagsbetreuung von Schülern einschließlich einer Unterrichtsgarantie. Daran krankt bekanntlich das deutsche Schulsystem: Es ist schludrig in der Vermittlung von Lerninhalten, nachlässig bei der Einhaltung von Pflichtstunden und des Lehrpensums. Überdies lässt die Schule mittlerweile jeglichen Leistungsbegriff vermissen und ordnet den zentral bedeutsamen Deutschunterricht als beliebig ersetzbar, ja vielfach als nebensächlich ein. Die europaweit beachtete OECD-Studie, bekannt geworden unter dem Kürzel PISA (= Programme for International Students Assessment), schlägt zur Jahreswende 2001/2 wie eine Bombe ein und löst vor allem in Deutschland eine bis heute nicht beendete Diskussion über den Wert unseres Bildungswesens aus. Während SPD-Politiker weiterhin eher über vermeintliche Organisationsmängel streiten möchten, geht die Aussprache längst über ihre Köpfe hinweg. Gefragt ist stattdessen die Bereitschaft, über Lerninhalte zu sprechen, wie es die zitierte Studie nahe gelegt hat. Wulff äußerte dazu einige Gedanken in der „Hannoverschen Allgemeinen Zeitung" (12. 2. 02). Sie gipfeln in der Pointe: „Wir müssen stärker fördern und fordern." Und was? Leistung, Lesen, auch Auswendiglernen, lernen sich präzise auszudrücken, die Rechtschreibung nicht völlig zu übergehen usw. Nach Wulffs Ansicht hätte es der PISA-Studie gar nicht bedurft, hätte man nur „auf unsere Handwerksmeister gehört: Die Kammern warnen seit Jahren, dass die Kenntnisse von Schulabgängern im Schrei-

86

ben und Rechnen nachlassen. Da müssen wir nicht zuletzt wegen der ausländischen Schüler unsere Anstrengungen verstärken, auch wenn das etwas kostet..."

Wulff prangerte vor allem die soziale Schieflage an, dass 10 % aller Schüler in Niedersachsen ohne Abschluss die Schule verlassen und ins Leben entlassen würden. Dies sei der eigentliche Offenbarungseid linker Bildungsideologen. Sein Widersacher Gabriel griff Wulff auf dem danach stattfindenden SPD-Parteitag an, wenn er Auswendiglernen wieder in die Schulen bringen wolle, erinnere er ihn an die Mullahs in den Koranschulen. Wulff war aber einer der leidenschaftlichsten Gegner der neuen Rechtschreibreform, weil er der Überzeugung war, dass gewachsene Regeln von Generation zu Generation tradiert werden sollten und dass es misslich sei, wenn Eltern heute schon bei Computern und Videorecordern immer häufiger die Kenntnisse von ihren Kindern vermittelt bekämen, wenn nun zukünftig auch die Elterngeneration den Kindern nicht mehr bei der deutschen Rechtschreibung vernünftig zur Seite stehen könnte. Auch heute noch würde er am liebsten einiges wieder zurückdrehen, was damals in der Rechtschreibreform von oben herab verändert wurde.

In komfortabler Ausgangslage, und auch wieder nicht

Aus einem Landesteil zu stammen, der sich seit Jahrzehnten in vergleichsweise komfortabler Ausgangslage befindet, könnte ein Vorteil sein. Manchmal sind Konkurrenten aber auch neidisch und gönnen es dem anderen ganz einfach nicht. Wulff selber sieht die Sache von der praktischen Seite: Man kann aus den in der Region Osnabrück-Emsland gewonnenen Erfahrungen womöglich im ganzen Lande profitieren.

Die Region umfasst die Landkreise Emsland, Grafschaft Bentheim und Osnabrück sowie die kreisfreie Stadt Osnabrück. Mitte der 90-er Jahre hat sich der CDU-Überraschungskandidat für das Amt des Ministerpräsidenten während seines Sommerurlaubs auf Norderney erstmals gründlich mit der Region, ihren wirtschaftlichen Möglichkeiten und deren Grenzen befasst. Zum Thema: „Baubedarf in Niedersachsen, dargestellt am Beispiel der Region Osnabrück-Emsland" schreibt Wulff in einem ausführlichen Buchbeitrag u. a.: „In den Jahren des bundesdeutschen wirtschaftlichen Aufschwungs von 1982 bis 1992 (also seit Antritt der Regierung Kohl) ist jeder sechste neue Arbeitsplatz in Niedersachsen in dieser Region geschaffen worden. Insgesamt waren es 54.000 Arbeitsplätze, die einer Wachstumsrate von 23 % entsprechen. Landes- und Bundesdurchschnitt lagen bei nur 15 %."

Wirtschaftskompetenz nachzuweisen gilt in Wahlkämpfen als vordringlich. Der Kandidat geht dabei gern ins Grundsätzliche, lässt kein noch so unbedeutend erscheinendes Detail aus, stellt Zahlen zusammen und Vergleiche mit anderen Regionen an, berücksichtigt Fragen des Lebensstandards, der Zu- und Abwanderungstendenzen und rechnet dem Leser das durchschnittliche Niveau von Lohn- und Lebenshaltungskosten vor.

Er zeigt sich in der Region, über die er schreibt, als wohl informiert, was unter Politikern nicht unbedingt die Regel, doch allgemein erwünscht ist. Dem so genannten ländlichen Raum gilt seit je seine besondere Aufmerksamkeit. Und dabei entdeckt er – ungeachtet des notwendigen Erhalts landschaftlicher Schönheiten –, dass es an Straßen und Autobahnanbindungen fehlt, zum Teil deshalb, „weil es auf nordrheinwestfälischer Seite an der nötigen Einsicht mangelt", diesen Übelstand zu beseitigen. Wulffs Ausführungen zu diesem Themenkomplex sind nun bald zehn Jahre alt, doch in wesentlichen Teilen noch nicht veraltet. Er schreibt, wie immer, unaufgeregt, doch keineswegs ohne Emotionen. Er liebt seine Heimatregion Osnabrück-Emsland, in der er aufgewachsen ist, und hält mit seinem Gefühl nicht hinter dem Berg. Als Großstädter hat er Bewunderung für die Leistung auf dem flachen Land – aus der Armut des Torfabbaus Wohlstand geschaffen zu haben. Für ihn ist der Emslandplan eine Steilvorlage für Konzepte, die Kräfte einer Region zu entfalten und zu entwickeln, durch nachhaltige Unterstützung von außen.

Noch nicht sichtbar werdendes Charisma eines landesweit anerkannten und geschätzten Politikers lässt ihn die Landtagswahl 1994 verlieren. Hatte es Ernst Albrecht auf 42 % gebracht, so blieben es bei ihm 36 % und damit 6 % weniger; wohl auch, weil er noch wenig bekannt ist und für die ihn erwartende Aufgabe vielen Wählern einfach zu jung erscheint. Gleichwohl verhält er sich nach 1994 in kluger Einsicht der widrigen Umstände wie ein lernwilliger Schüler, der noch nicht alle Prüfungen abgelegt hat, und verlegt sich im übrigen aufs geduldige Bohren dicker Bretter. Dass er vier Jahre später abermals antrete, das war die Planung derer, die ihn für die Spitzenkandidatur 1993 vorgeschlagen hatten. Sein Pech war, dass sein Gegner insbesondere innerhalb der Sozialdemokratie mächtiger denn je geworden und dessen Widersacher Oskar Lafontaine außerhalb der SPD ungewöhnlich unbeliebt war. Die innenpolitische Situation im

Frühjahr 1998 bringt es mit sich, dass bei der Landtagswahl in Niedersachsen über Schröder oder Lafontaine als Kanzlerkandidat bei der bevorstehenden Bundestagswahl entschieden wird.

Dem christdemokratischen Landespolitiker bläst daher der Wind noch mächtiger ins Gesicht, als er es unter gewöhnlichen Umständen zu befürchten hat, so dass eine herbe Niederlage schon frühzeitig einkalkuliert werden muss. Sie lässt sich, als sie tatsächlich eintritt, nicht auf Wulffs Schultern abladen, da sachfremde Erwägungen seinem landespolitischen Gegner für diesmal einen nicht auszugleichenden Platzvorteil verheißen. Bei der SPD und den ihr nahe stehenden oder in diesem Falle die Fakten unbekümmert in Rechnung stellenden Medien sieht man das nicht anders. Wulff wird zum Pechvogel, dem die Zeitläufte nicht gewogen sind, der sich erholen wird nach verlorener Wahl und seine Partei bitten muss, ihm weiterhin die Stange zu halten. Denn eines beginnt der angeblich „ewige Verlierer" schnell zu begreifen: Dass man langen Atem braucht, um sich durchzusetzen, einen längeren jedenfalls als der Durchschnitt des politischen Personals. Dass man hartnäckig am Erreichen seiner politischen Ziele festhalten, die Parteifreunde mit emotionaler Zuwendung belohnen und die innerparteilichen Kritiker durch Leistungen überzeugen muss.

Zahlreiche Briefe prominenter Zeitgenossen wie Walter Wallmann, aber auch vieler Bürgerinnen und Bürger erreichten ihn mit der Aufforderung, auf jeden Fall weiterzumachen. Vor der EXPO traf er den inzwischen zum grünen Bundestagsabgeordneten avancierten Bergsteiger Reinhold Messner, der ihm noch einmal versicherte, dass er der Sieger des TV-Duells mit Gerhard Schröder gewesen sei, aber aus übergeordneten Gründen Schröder hätte gewählt werden müssen, um in Bonn für eine politische Veränderung Sorge zu tragen. Wulff baut vor allem auf den Ergebnissen in seinem Wahlkreis auf. 1994 hatte er das beste Wahlergebnis aller 100 Landtagswahlkreise im Zuwachs zur Wahl davor. Als einzigen Wahlkreis hatte er diesen der SPD trotz der widrigen Gesamtumstände abgenommen. Der Vorsprung wurde von ihm bei der Wahl 1998 mehr als vervierfacht. Und in einer Universitätsstadt wie Osnabrück mit 17.000 Studenten 47 % der Erststimmen zu erhalten – darauf ließ sich aufbauen. Während Schröder bei Landesparteitagen zeitweilig nur etwas über 60 % errungen hatte, ist Wulff stets in geheimer Wahl von rund 500 Delegierten des Landesparteitages mit zwischen 88 und 94 % gewählt worden. So konnte er immer wieder auf die Unterstützung bei Wählern und der Partei bauen.

In diesen Jahren muss Wulff dennoch gegen das ihm von der SPD aus verständlichen Gründen angeheftete Image des Verlierers ankämpfen. Dabei kann der Landesvorsitzende wiederholt auf Erfolge bei Kommunalwahlen hinweisen, die der CDU in Niedersachsen eine sichere Basis auch in der nahen Zukunft garantieren. Bei seinen öffentlichen Auftritten pflegt er den kritischen Kopf, auch und im besonderen in der eigenen Partei, zu zeigen, unübersehbar für jene, die unterdessen nach mehr Harmonie in der von ungünstigen Zeitströmungen hin und her geworfenen Union rufen.

Tiefe Schatten wirft im Herbst 1999 die Spendenaffäre auf die CDU, droht ihr Führungspersonal kopflos zu machen und jegliche Wahlchancen für die kommenden Jahre illusorisch erscheinen zu lassen. Zwar konzentriert sich nach den Umständen die Affäre, unterdessen eine zeitgeschichtlich abgeschlossene Angelegenheit, auf den vormaligen Parteivorsitzenden und 16 Jahre amtierenden Bundeskanzler Helmut Kohl. Das Kohl-Drama läuft in den Medien unter der Rubrik „Menschen - Tiere - Sensationen" und wäre vermutlich weniger auffällig und unrühmlich ausgefallen, stünde in seinem Mittelpunkt nicht der einst als „Kanzler der Einheit" gefeierte CDU-Chef höchstselbst. Wolfgang Schäuble und das Präsidium, zu dem zwischenzeitlich Christian Wulff als stellvertretender Bundesvorsitzender gehört, sind vor allem darüber erbost, dass Helmut Kohl nicht im Präsidium informiert, sondern den Gang ins öffentlich-rechtliche Fernsehen wählt und dort ständig Neuigkeiten preisgibt. Er will die Öffentlichkeit und die Partei auch gegen die Parteiführung instrumentalisieren. Wulff bezeichnet dies stets ganz offen als in der Union stattfindenden „Machtkampf".

Im Frühjahr 2000 geht´s an die Aufräumarbeiten. Regie führt sehr bald Generalsekretärin Angela Merkel, darin nachdrücklich unterstützt von Christian Wulff. Frau Merkel hat im Dezember einen mit ihrem Namen gezeichneten Artikel in der „Frankfurter Allgemeinen Zeitung" publiziert, der großes Aufsehen erregt, weil sie darin in kompromissloser Form mit dem früheren Parteivorsitzenden abrechnet. Kohl solle sich wie alle anderen auch an die Richtlinien und bindenden Vorschriften des Parteiengesetzes halten, die Spender nennen und sich damit zur Wiedergutmachung des der Union entstandenen materiellen und moralischen Schadens bereit finden. Berlin-Korrespondent Wolfgang Stock berichtet in seiner Merkel-Biographie, Wulff habe sich als erster in dieser Sache mit der Generalsekretärin solidarisch erklärt und in einer Präsidiumssitzung Ende Dezember 1999, als dort am Tag der Veröfentlichung über die Thesen im FAZ-Artikel gestritten wird, für sie eine Lanze gebrochen und bei dieser Gele-

Mit Angela Merkel.

genheit zutreffend vorausgesagt: „Am Ende werden sich alle hinter diesen Thesen versammeln."

Wulff hatte, wie immer gut vorbereitet, auf der morgendlichen Fahrt von Osnabrück nach Bonn auch den FAZ-Artikel studiert und für gut gehalten. Er war allerdings davon ausgegangen, dass dieser jedenfalls in der groben Ausrichtung mit Wolfgang Schäuble, dem Parteivorsitzenden, abgestimmt gewesen sei. Dass dies nicht der Fall gewesen sein dürfte, hat ihn Tage später arg irritiert. In der von ihm geschätzten Leibniz-Biographie von Hirsch findet sich folgende Pointe: Ein Sohn aus gutem Hause soll mit dem englischen Königshaus verheiratet werden. Als der Fürst davon erfährt, ist er erbost und stellt seine Gattin zur Rede. Diese erklärt: „Wenn ich es Dir vorher gesagt hätte, dann hättest Du es mir verboten. Also habe ich es ohne Abstimmung mit Dir dem englischen Königshaus vorgeschlagen." Nicht nur wegen dieser netten Pointe hat Christian Wulff später Angela Merkel einmal diese Biographie zu Weihnachten geschenkt. Schließlich war Leibniz eines der letzten Universalgenies, der als Mathematiker, Dichter, Denker, Naturwissenschaftler und Politikberater in Erscheinung getreten ist. Gewisse Ähnlichkeiten zu Merkel sind unverkennbar, und es hat ihn dann abermals überrascht, als Angela Merkel ein reichliches Jahr später sagte, sie sei jetzt durch mit der 700seitigen Biographie und würde sich nachträglich noch einmal für das Buch bedanken...

Die Ereignisse überschlagen sich, nachdem angeblich belastende Einzelheiten über eine mögliche Verwicklung des amtierenden CDU-Vorsitzenden Wolfgang Schäuble bekannt werden. Für Wulff kommt Schäubles Rücktritt Mitte Februar offenbar nicht ganz überraschend. „Als wohl mutigster Aufklärer" (Hannoversche Allgemeine) vermeidet der Lan-

94

desvorsitzende der Niedersachsen-CDU voreilige Schuldzuweisungen und prüft jedes seiner Worte in der leidigen Angelegenheit, bevor er sie ausspricht. Er will Klarheit und Wahrheit, denn nichts anderes kann seiner Partei jetzt helfen. In Berlin erörtert er den Sachverhalt mit der niedersächsischen Landesgruppe im Bundestag. Schnell wird ihm klar, dass die frei gewordenen Positionen an der CDU-Spitze am besten mit Angela Merkel (Partei) und Friedrich Merz (Fraktion) besetzt werden. Er nennt die Beiden ein „schlagkräftiges Team", dem seine ganze Sympathie gehöre. Wulff vergisst dabei Schäuble nicht. Er dankt ihm deshalb förmlich für den „partnerschaftlichen Führungsstil" an der CDU-Spitze und bescheinigt ihm hinsichtlich des Rücktritts, dass sich auch darin seine „politische Größe" gezeigt habe.

Wulff stand massiv zu Schäuble, als dieser im Bundestag, auf einen Zwischenruf hin, einräumen musste, eine falsche Position zu Kontakten zu Schreiber bezogen zu haben. Er stand auch massiv zu ihm, als es um den Konflikt mit Helmut Kohl um die Spendenannahmen ging, aber als ein weiterer Schreibertermin eingeräumt werden musste, wurde die Lage schwierig.

Nachdem Schäuble nachmittags, live von „Phoenix" gesendet, in Berlin seinen Rücktritt erklärt hatte, rief Christian Wulff während des tagenden Landtagsplenums seine Fraktion zu einer Sondersitzung zusammen, um die Lage zu schildern und sich Zustimmung zu holen für den Vorschlag, den er nunmehr öffentlich zu machen gedenke, dass nämlich Angela Merkel Parteivorsitzende und Friedrich Merz Fraktionsvorsitzender werden sollten. Dazu gab es die Rückendeckung, danach machte Wulff diese Forderung um 15.00 Uhr in einer eigens einberufenen Pressekonferenz öffentlich.

So kam es dann auch. Andere hatten für diese Entwicklungen wieder einmal sehr viel länger gebraucht.

Ende März schwirren widersprüchliche Meldungen durch die Medien, Wulff werde von einer nicht näher bezeichneten „Gruppe jüngerer CDU-Spitzenpolitiker" gedrängt, sich als Generalsekretär der künftigen CDU-Vorsitzenden Angela Merkel zur Verfügung zu halten. Im SPIEGEL kann man lesen: „Wulff soll, will aber nicht", andere schreiben, er wolle, komme aber für Frau Merkel nicht in Frage, die schon eine andere Wahl getroffen habe. Tatsächlich hat Wulff für einen Augenblick den Posten interessant gefunden, wie sich sein Pressesprecher Olaf Glaeseker erinnert, mit Rücksicht auf seine Aufgaben in Niedersachsen die Option aber wieder fallen lassen. Es werden weitere Namen genannt, unter ihnen

Mit EU-Wettbewerbskommissar Mario Monti in Brüssel, 2002.

Norbert Lammert, Chef der Landesgruppe der CDU-Bundes-
tagsabgeordneten von Nordrhein-Westfalen, und – damals
schon – der später ins Amt berufene Laurenz Meyer, gleichfalls aus NRW.

Christian Wulff hatte Angela Merkel auch Erfreuliches über
Ruprecht Pohlenz berichtet. Er habe im Verhältnis zur vor-
herigen Wahl das beste Wahlergebnis aller CDU/CSU-
Bundestagskandidaten erreicht, insbesondere bei den Erststimmen in der Universitätsstadt Münster. Seine ausglei-
chende und grundsätzliche Art qualifiziere ihn für ein Spitzenamt. Später wurde Ruprecht Pohlenz dann auch Vorsitzender des ZDF-Fernsehrates. Mit ihm hat Christian Wulff
1998 eine Gesprächsrunde „Ladbergener Kreis" gebildet, um
die Beziehung zwischen Westfalen und Niedersachsen in der
Grenzregion zu vertiefen. Pohlenz war Fraktionsvorsitzender
in Münster, Wulff in Osnabrück.

Angela Merkel möchte nicht, dass ihr engster Mitarbeiter politisch in „eine der bekannten Schubladen gesteckt wird" (W.
Stock: Merkel-Biographie) und entscheidet sich für Ruprecht
Pohlenz, einen stillen Basis-Arbeiter, für den zunächst nichts
spricht als seine Lauterkeit und sein beharrlicher Fleiß, aber
eben auch, dass er zu keiner der bekannten Gruppierungen
zu zählen ist.

In einem Interview gegenüber dem Chef des Hauptstadtbü-
ros der „Welt", Michael Inacker (heute FAZ am Sonntag),
äußert sich Frau Merkel alsbald über den künftigen CDU-Generalsekretär in einer Weise, die schon damals ihren neuen,
eher emotionalen Führungsstil kennzeichnet: „Der Posten
ist eine Frage der Kompetenz, nicht des Proporzes. Der Generalsekretär soll zusammen mit dem Parteivorsitzenden einen Beitrag dazu leisten, dass die CDU im Jahre 2002 alle

Chancen hat, die Bundestagswahl zu gewinnen. Das ist das Kriterium."

Es zeigt sich bald, dass die neue CDU-Chefin sich zwar nicht hinsichtlich der politischen und fachlichen Eignung ihres „Generals" geirrt hatte, wohl aber was dessen Durchstehvermögen in einer turbulenten Zeit betraf. Denn Pohlenz gibt schon bald auf, und Laurenz Meyer rückt an jene Stelle, für die politische Auguren ihn schon ein Jahr zuvor genannt hatten.

Wulff setzt auf Angriff

Die Unionsparteien stolpern in das „Jahr 1" der neuen Zeitrechnung (Jahrhundert und Jahrtausend), ohne neue Konzepte und neue Schlagkraft gewonnen zu haben. Ungeniert spricht der frühere Generalsekretär und nachmalige Verteidigungsminister Volker Rühe im Ärger über die von ihm nicht geschätzte CDU-Vorsitzende als von „einer Panikführung", auf die sich seine Partei unter den schweren Erschütterungen der zurückliegenden Monate eingelassen habe. Die innenpolitische Szene wird dadurch für die Opposition im Bund nicht gerade übersichtlicher. Sie wird spürbar durch die in den Medien diskutierte Erkenntnis und ihre Schlussfolgerungen angeheizt, dass die Halbzeit der Ära Schröder überschritten und noch keinerlei Anzeichen für einen innenpolitischen Wandel zum Vorteil der Union sichtbar werden. Das Gespann Merkel/Merz wird vom stellvertretenden CDU-Bundesvorsitzenden Wulff in dieser Situation in der zutreffenden Wahrnehmung wort- und tatkräftig unterstützt, denn es habe nun einmal keinen Sinn, sich ewig lamentierend gegen die Tatsachen der Nach-Kohl-Ära zu stellen. Es gehe jetzt darum, das Beste aus der misslichen Lage zu machen. Vor allem Angela Merkel kann immer auf den niedersächsischen CDU-Chef rechnen, und mit Fraktionschef Friedrich Merz empfindet er inhaltlich große Übereinstimmung. Wulff war unter den gegebenen Umständen für die Tandem-Lösung mit getrenntem Fraktions- und Parteivorsitz. Er litt besonders darunter, dass beide aber nur schwerlich miteinander harmonierten. Mit beiden verstand und versteht er sich gut, aber immer wenn es auf den jeweils anderen kam, war kein Durchdringen mehr.

Im Sommer dieses Jahres steht Wulff vor einem für seine politische Karriere möglicherweise folgenreichen Landesparteitag in Hildesheim. Da trifft es sich gut, dass das Presse-Echo anschließend freundlich bis enthusiastisch lobend ausfällt. Die in Hannover erscheinende „Neue Presse" (Amadore Kobus) schreibt:

„Lange hat es gedauert. Über Jahre blieben sie sich fremd. Die CDU und ihr Landesvorsitzender wollten und konnten nicht zusammenkommen. Zu spröde, ungelenk und emotionslos verwaltete Wulff die niedersächsische Union. Doch mit dem Hildesheimer Parteitag hat sich das geändert. Das war spät, hoffentlich nicht zu spät. Mit einer angriffslustigen, pointierten Rede eroberte Wulff die Parteiherzen. Witzige Seitenhiebe kamen locker rüber und wirkten nicht mehr wie mühsam einstudiert. Wie weggefegt scheint die Last der beiden Wahlniederlagen, die bisher wie Mühlsteine wirkten und auf die politische Entwicklung des 42-Jährigen drückten..."

Zu den „witzigen" Seitenhieben, in diesem Fall auf die verfehlte Energiepolitik der rot-grünen Koalition in Berlin, zählte diese Bemerkung: „Wenn das so weiter geht, dann sitzt die Oma bald hinter dem Fernseher und tritt den Dynamo, da-

mit die Kinder vorne noch Pokemon-Filme gucken können." Wulff trat in Hildesheim jedenfalls nicht nur locker auf, wie die Kommentatorin schrieb, sondern setzte „auf Angriff", wie schon in der Überschrift zu lesen war. Die Schlagzeilen der Printmedien konnten sich sehen lassen; und hielten sich danach fast durchgängig auf dieser Höhe. Für den angeblich emotionslosen CDU-Chef eine fabelhafte Bilanz und Ermutigung, die er für ein günstigeres Gesamtbild zu nutzen wusste: „Wulff setzt erwartetes Signal" (Weser-Kurier), „Kämpfer Wulff" (Braunschweiger Zeitung), „Wulff sorgt für Aufbruchstimmung in Niedersachsen" (Frankfurter Allgemeine), „Kämpferischer Wulff macht CDU Mut" (Süddeutsche Zeitung). Und im „Hamburger Abendblatt", in Kommentaren sonst nicht gerade auf den „Typ Wulff" programmiert, steigerte sich Ludger Fertmann unter der Überschrift: „Höchste Zeit für einen Sieg" in nachgerade ungehemmte Begeisterung hinein: „Da redet Wulff sich ... über die Zusammenarbeit von SPD und PDS in Berlin derart in Rage, dass er vielleicht zum erstenmal die Emotion der Basis trifft. Die feiert ihn mit stehendem Beifall."
Bei soviel Presselob darf innerparteilicher Zank mal vergessen und freundlichen Worten Raum gegeben werden. Parteifreund Prof. Dr. Klaus Otto Nass, Historiker mit Schwerpunkt Europa-Politik und Ernst-Albrecht-Vertrauter, setzt einen sechs Seiten langen, handschriftlichen Brief auf. Er endet mit dem wohlmeinenden Satz: „Lieber Herr Wulff, ich gratuliere Ihnen zu diesem gelungenen Start in eine Serie von Wahlkämpfen, die Sie alle drei gewinnen werden, und dann sollte auch nirgends mehr in den Blättern stehen, was Sie vorhaben, wenn dies nicht der Fall sein würde..."

Einen großen Sieg errungen

Nass spielte mit diesen Sätzen auf die unmittelbar bevorstehenden Kommunalwahlen in Niedersachsen an; er dachte zugleich an die Bundestagswahl im Jahre 2002 und vor allem an die für den CDU-Spitzenkandidaten entscheidende Landtagswahl im Frühjahr 2003. Für letzteren war es von großer Bedeutung, dass ein ehemaliger Ernst-Albrecht-Gefährte sich demonstrativ vor den Neuen stellte, den manche in der Partei auch jetzt noch glaubten, als „jungen Mann" belächeln zu dürfen.

Die Kommunalwahlen brachten mit 43,3 % ein insgesamt sehr erfreuliches Ergebnis für die Niedersachsen-CDU. Fast überall, vornehmlich im „ländlichen Raum" gewann sie hinzu oder konnte ihre Position auf bereits hohem Niveau halten. Da sie in der Landeshauptstadt Hannover nicht erfolgreich war, lauteten die Schlagzeilen am Tage nach der Wahl zunächst auf „Niederlage für die CDU", was natürlich völlig falsch war. Erst drei Tage nach dem Wahlsonntag meldeten die Zeitungen zutreffend, die CDU habe „einen großen Sieg errungen". Dass sie in Hannover ihr Ziel, das rote Rathaus zu erobern, verfehlte, hatte viele Gründe. Die lokale Kandidatenfrage war lange nicht geklärt, dann trat ein ehemaliger Staatssekretär der letzten Kohl-Regierung an, blamierte sich mit einem Auftritt im Rotlicht-Milieu und wurde umgehend gedrängt, seinen vermeintlichen Ruhmestitel an die vormals 1996 unterlegene Oberbürgermeister-Kandidatin Rita Pawelski abzugeben.

Nicht gerade glänzende Voraussetzungen für einen erhofften, womöglich strahlenden Sieg in einer Stadt, in der die Sozialdemokraten fast fünfzig Jahre regierten, fast 40 Jahre unter ein und demselben OB, mit den bekannten, doch allseits tolerierten Erscheinungen von Vetternwirtschaft und Filzokratie. Ein weiterer Umstand wurde dem amtierenden SPD-Oberbürgermeister Schmalstieg zum Segen: Er, der etliche Jahre zuvor gegen die EXPO in Hannover gestritten hatte, konnte zwei Jahre nach ihrer Schließung mit den Errungenschaften prahlen, die das vom Bund unterstützte Sanierungsprogramm für die Stadt bedeutete. Ein berechnender Nutznießer, der jeglichen Nutzen für Hannover einst abgewehrt hatte. Nach den Kommunalwahlen wurde Wulff nicht müde, seine Parteifreunde daran zu erinnern, dass es entscheidend gewesen sei, in der Fläche dazu gewonnen und die SPD mit 37,5 % wie schon in der Vergangenheit auf den zweiten Platz verwiesen zu haben. Er bewies Steherqualitäten wie noch nie; man sah einen optimistischen, niemals einen an seiner Partei und ihren politischen Zielen zweifelnden oder gar einen an sich selbst verzweifelnden Vorsitzenden. Mochten die Zeitungen auch noch so oft wiederholen, dass es bei ihm „nun bald darauf ankommen werde". Die Zahlen sprachen für ihn, und die gaben keinen Raum für eine Diskussion, die der CDU ohnehin nur geschadet hätte.

Dieser Umstand macht zugleich unschwer erklärbar, dass es der gelegentlich zu Personalzwistigkeiten neigenden Niedersachsen-CDU gelang, eine Debatte über den Spitzenkandidaten zu vermeiden. So wie sie zuvor trotz mancherlei innerer Zerwürfnisse über eine ziemlich lange Periode hinweg ihrem Vorsitzenden Wilfried Hasselmann die Treue bewahrt hatte, pflegte sie diese nun gegenüber einem deutlich Jüngeren. CDU-Personaldebatten wachsen sich mehr noch als bei den anderen Parteien in Deutschland oft zu einem regelrechten Ärgernis aus. Man denke an die abwegigen Streitereien um Helmut Kohl in den frühen 70-er Jahren, und seinen Durchbruch Anfang der 80-er, dem ungeachtet dessen in der Mitte des Jahrzehnts eine neue Personaldebatte folgte. So zerreibt sich eine Partei, wenn sie entweder übermütig oder ratlos ist.

Der hohe Stellenwert von Christian Wulff zeigte sich in voller Deutlichkeit im Dezember 2001, als der Niedersachsen-CDU und ihrem Vertreter im Präsidium der Bundespartei in der Frage des Kanzlerkandidaten der Union eine Schlüsselrolle zuerkannt wurde. Eine gleichfalls entscheidende Rolle spielte neben Wulff der hessische Ministerpräsident Roland Koch. Wulff stand jedenfalls mit im Rampenlicht der Öffentlichkeit, was ihm und seinem Bekanntheitsgrad in Land und Bund gut getan hat. Während es zunächst hieß, „gegen den Willen von Wulff und Koch kann Angela Merkel [deren Kandidatur in der CDU heftig umstritten war] nicht antreten", war allen in der CDU-Führung und in den Gliederungen der Partei klar, dass umgekehrt auch Stoiber nicht gegen den erklärten Willen dieser beiden CDU-Landesvorsitzenden Kandidat werden könne. In der Niedersachsen-CDU war die Meinung geteilt, es gab starke Gruppen zugunsten von Angela Merkel wie andererseits ebenso mächtige Parteikreise, die für einen Kandidaten Stoiber votierten. Als Stoiberfreundlich galten die Regionen Braunschweig und Peine sowie Teile des Nordwestens. Frau Merkel verfügte dagegen über große Sympathie in Hannover, Göttingen, Osnabrück-Emsland und im Hamburger Umland. Der Niedersachsenchef musste sich infolgedessen bedeckt halten, um die Landes-CDU nicht einer in dieser Frage unnötigen Zerreißprobe auszusetzen.

Konsequent hatte Wulff die Linie mit formuliert, wonach die

Nominierung zu späterem Zeitpunkt erfolgen sollte, weil die Wahlkampfmonate noch lang genug würden bis zur Bundestagswahl. Auch in der Antragskommission zum Dresdner Parteitag im Dezember 2001 hatte er auf wiederholtes Drängen von Bernd Neumann, dem Bremer Landesvorsitzenden, und anderer – es müsse doch jetzt Klarheit geschaffen werden und eine öffentliche Diskussion stattfinden – erklärt und in den von ihm formulierten Text der Antragskommission aufgenommen, dass die beiden Parteivorsitzenden das Vertrauen hätten, den Führungsgremien der Partei einen gemeinsamen Vorschlag zu unterbreiten. Nur so ließen sich nach Meinung Wulffs Spannungen und Verletzungen vermeiden. So hätte sich bei einem öffentlichen Votieren seinerseits für Edmund Stoiber eine Beschädigung seiner Parteivorsitzenden Angela Merkel nicht vermeiden lassen. Intern hatte er mit Angela Merkel regelmäßig Kontakt gehabt, über den Inhalt lässt er kein Sterbenswörtchen verlauten.

Wulff, der mit seiner Familie im Allgäu Weihnachtsurlaub machte, erklärte in die Aufgeregtheiten hinein, „dass jetzt alle ihre Neugier zügeln müssen". Koch äußerte sich fast synchron und im Ziel etwa gleichlautend, dass jetzt erst einmal Ruhe herrschen müsse, damit die CDU-Chefin und der CSU-Chef an ihrem Plan festhalten könnten, zu einer einvernehmlichen Lösung im Gespräch miteinander zu gelangen. Gleichzeitig hielten Koch und Wulff seit Wochen engsten Kontakt untereinander, um Abstimmungspannen und Voreiligkeiten einzelner Unions-Führungspersönlichkeiten zu vermeiden. So hatte beispielsweise NRW-CDU-Chef Jürgen Rüttgers sich klar für Angela Merkel ausgesprochen, eine öffentliche Festlegung, die andere in der CDU für voreilig oder gar überflüssig hielten.

Mit Roland Koch und Edmund Stoiber.

Da es gute Argumente für beide möglichen Kandidaten gab, galt es zu Recht als schwierig, eine endgültige Position zu beziehen, bevor nicht alle Argumente abgewogen waren. Wichtig schien es Koch und Wulff, dass ihre Vorsitzende aus dem Gezerre um die Kanzlerkandidatur gerade dann unbeschädigt hervorginge, wenn die Wahl nicht auf sie fallen würde. Denn nur mit einer CDU-Chefin, die nach einer Entscheidung zugunsten Stoibers ihre unangetastete Souveränität bewahrt, würde ein homogener Wahlkampf der Unionsparteien noch möglich sein. So ist es dann ja auch gekommen; nicht zuletzt wegen des Befreiungsschlages des ausgebufften Strippenziehers Michael („Michel") Glos an der Spitze der CSU-Landesgruppe im Deutschen Bundestag. Vermutlich hat Stoiber seinem „Michel" die Kanzlerkandidatur zu verdanken. Denn Angela Merkel war offenbar bis kurz vor der „Stunde Null" zur Kandidatur entschlossen. Als heimliche Gewinnerin im Parteienzwist um die Siegerpalme erwies sie sich aber auch deshalb, weil die Landesherren der CDU Hessens und Niedersachsens, Koch und Wulff, ein geschicktes Spiel betrieben hatten. Von Koch einmal abgesehen, bewies auch bei dieser Gelegenheit unser Niedersachse seine Befähigung zu höchsten Ämtern.

Der letzte der jungen Wilden wittert seine Chance

Einer muss immer der letzte sein. Doch schon in der Bibel steht: Die letzten werden die ersten sein. In diesem Sinne hofft Christian Wulff bei der Landtagswahl 2003 auf seine Chance. Ihm voran gingen Roland Koch (Hessen), Peter Müller (Saarland) und Ole von Beust (Hamburg) – sämtlich „jun-

106

ge Wilde", die es wissen wollten und inzwischen in das Amt eines Ministerpräsidenten bzw. Bürgermeisters gewählt wurden.

Die „wilden" Vier trafen sich an einem Wochenende im April in der VW-Stadt Wolfsburg, um intern Bilanz zu ziehen und sich den Leuten zu zeigen: „Seht her, wir haben´s nun fast alle geschafft!" Auch der Oberbürgermeister-Posten von Wolfsburg war ein Jahr zuvor von der CDU erobert worden; ein fast unglaubliches Phänomen, erreicht in zäher Kleinarbeit und mit Hilfe einer klugen Medienstrategie, die alles auf die eine Person, eben den kommunalen Spitzenkandidaten, konzentrierte. Das Treffen der nunmehr 40-jährigen Roland Koch (Hessen), Peter Müller (Saarland), Ole von Beust (Hamburg) und dem Kandidaten des Jahres 2003, Christan Wulff, verlief als Freundschaftsbegegnung mit dem kaum unterdrückbaren Gefühl, endlich einmal wieder mit Zuversicht in die kommende Zeit blicken zu können.

Die „Frankfurter Allgemeine Sonntagszeitung" berichtete ausgesprochen wohlwollend über das „Klassentreffen", bei dem sich „der gereifte Nachwuchs den Liberalismus angeeignet" habe; eine treffende Beobachtung fürwahr. Mit sachlichen Hinweisen belegte FAS-Korrespondent Werner von Bebber die nur vordergründig kühn anmutende Behauptung. Vornehmlich mit dem Hinweis darauf, dass Christian Wulff ab Mitte der 90-er Jahre Bundesfinanzminister Theo Waigel zunehmend scharf angegriffen hatte, weil ihm – Wulff – die Steuerreform nicht weit genug zu gehen schien. In diesem Zusammenhang hatte Wulff es gewagt, Waigel den Rücktritt nahezulegen, was das Kohl-Kabinett umgehend als eine Ungeheuerlichkeit verdammte, weil man so etwas doch nicht in der eigenen Familie zu tun pflege.

Nach der Wiederwahl als Landesvorsitzender der CDU in Niedersachsen auf dem Landesparteitag in Celle, 9. August 2002.

Aber was hatte denn Wulff so Schreckliches von Waigel verlangt? Dass er endlich die Pläne ausführte, die zu verwirklichen der bayerische Schwabe vor seinem Amtsantritt unablässig von Amtsvorgänger Gerhard Stoltenberg verlangt hatte? Finanzpolitik müsse „Spielräume schaffen", vor allem aber mehr auf die Bedürfnisse kinderreicher Familien eingehen, so hatte Theo, gelehriger Schüler seines verehrten Meisters Helmut Kohl (nicht nur seines 1988 verstorbenen Vorsitzenden Strauß), über alle elektronischen Kanäle in deutschen Landen getönt. Als er an seinem Karriereziel angelangt war, fiel ihm freilich auch nicht mehr ein als Kassensturz zu machen und umgehend zu vermelden, dass er keinen überzähligen Groschen auszugeben habe. In einem ziemlich barsch und unverbindlich gehaltenen Brief antwortete Waigel dem Unbotmäßigen aus Niedersachsen in formelhaften, ja kalten Redewendungen, er werde mit Wulff ein „Streitgespräch über die Weiterentwicklung des Familienlastenausgleichs zu einem Familienleistungsausgleich … nicht führen." Für ihn, den Ressortchef der Bundesfinanzen, seien die „Koalitionsvereinbarung und die ihr entsprechende Regierungserklärung des Bundeskanzlers maßgeblich für die weiteren Überlegungen." Der Mann, der noch wenige Jahre zuvor als ein streitbarer und zu Ironie und Witz fähiger Parlamentarier hervorgetreten war, versuchte das Verhalten des deutlich Jüngeren arrogant als „kaum zu übertreffende Naivität, gemischt mit persönlicher und politischer Unverfrorenheit" abzustrafen. Denn „mangelnden Reformwillen" oder gar „Reformunfähigkeit" lasse er sich von Wulff nicht vorhalten. Bezeichnend für das von Waigel so empfundene „Lehrer-Schüler-Verhältnis", beendete der Herr Minister seinen Brief an den niedersächsischen CDU-Vorsitzenden mit dem Hinweis darauf, er werde eine Kopie seines Schreibens dem „Vorsitzenden der Christlich-Demokratischen Union" zuleiten. Es gab auch einen etwas freundlicheren Teil der Korrespondenz Wulff/Waigel, eher beiläufige Aspekte der Zusammenarbeit von CDU und CSU in Parteifragen betreffend. Ungeachtet dieser Jahre andauernden Auseinandersetzung mit der Bundespolitik verlangte Wulff eine deutliche Anhebung des Kindergeldes zur Stärkung der Funktion der Familie in einer für sie schwierigen Epoche. Darin, und in seinem Mut zum Streit mit einem der mächtigeren Kabinettsmitglieder, steckte dann tatsächlich ein Gestus des Wilden, nicht Gezähmten, Ungebändigten. Deshalb wird er seine Chance nutzen, wie es seine politischen Freunde vor ihm taten, mögen sie Koch, Müller oder von Beust heißen. Denn er bringt die besten Voraussetzungen dafür mit. Umfragen weisen in Niedersachsen auf eine deutlich wahrnehmbare Wechselstimmung hin. Der vielfach glücklos operierende SPD-Ministerpräsident Sigmar Gabriel, der sich selbst als „jung, modern, heimatverbunden" ausgibt, doch keinerlei greifbare Erfolge in seiner bisherigen Regierungszeit aufzählen kann, muss um den Verlust seines Amtes fürchten. Nach den in Niedersachsen von der CDU gewonnen Wahlen (Europawahl 1999, Kommunalwahl 2001) konnte sich Gabriels SPD nur bei der Bundestagswahl vor die CDU schieben – mit Hilfe des niedersächsischen Kanzlers Schröder.

Gabriels angeblich wichtigstes Thema, die Bildung, zu der er als studierter Pädagoge glaubt eine besondere Beziehung zu haben, gleitet dem Landeschef aus den Fingern. Selbst die eher SPD-freundliche „Süddeutsche Zeitung" rechnet ihm gnadenlos sein Versagen vor: „Anspruch und Wirklichkeit fallen bei den Sozialdemokraten in der Kanzlerheimat weit auseinander: Zu sehr haben sich Gabriel ... und seine Partei beim ursozialdemokratischen Thema Bildung verheddert, als dass sie das Ergebnis noch zur beispielhaften Errungenschaft zukunftsweisender Politik machen könnten." SZ-Korrespondent Reymer Klüver in Hannover sieht Gabriels drohenden politischen Untergang keineswegs bedingt durch „die unersprießlichen Vorlagen aus Berlin", sondern auch „als Folge hausgemachter Fehler." Er habe die Fülle der Probleme falsch bewertet und damit die Lage nicht richtig eingeschätzt, wird ihm von Leuten in seiner Partei vorgeworfen, die es wissen müssen. Denn die Orientierungsstufe, eine nur in Niedersachsen bestehende Unterrichtsform, erklärte Gabriel kurzerhand für abgeschafft, da er sie für überflüssig hält. Er traf den sozialdemokratischen Nerv an seiner empfindlichsten

Stelle, sehen doch in Ehren ergraute SPD-Väter in ihr ein Symbol der Reformkraft, welche die Partei einst in Bildungsfragen besaß.

Überhaupt wird Gabriel seit etwa einem Jahr von Hektik und zielloser Betriebsamkeit angetrieben, für die man keine andere Erklärung weiß, als dass ihm Partei und Landtagsfraktion offensichtlich die Gefolgschaft versagen. Im SZ-Bericht vom 5. März 2002 heißt es: „Wie frostig die Stimmung im eigenen Lager ist, hat ein Zwischenfall im Landtag Mitte Januar gezeigt, als Gabriel seiner Fraktion eine regelrechte Standpauke hielt. Er könne nicht, hatte der eine Weile sichtlich um Fassung ringende Ministerpräsident gesagt, gleichzeitig den Regierungschef und den Fraktionschef geben. Zuvor hatte die Opposition Gabriel geziehen, die Unwahrheit gesagt zu haben, was den in der Tat horrenden Schuldenstand des Landes angeht. Doch hatte gar kein Anlass bestanden, die Debatte über die Schulden, wie an jenem Tag geschehen, kurzfristig auf die Tagesordnung des Landesparlaments zu setzen. Die eigenen Leute von der Fraktion hatten einfach gepennt – oder die Sache laufen lassen."

Das „Hamburger Abendblatt" blies ins gleiche Horn und meldete, Gabriel gerate „in Schieflage", weil ihm „Schule, Geld und Image" zu schaffen machten. Aus dem Landtag wurde die Beobachtung berichtet, Gabriel meide Blickkontakt mit der Opposition, der „eine neue Fröhlichkeit ins Gesicht geschrieben" stehe.

Die Rahmenbedingungen für die Landtagswahl 2003 hätten sich im Vergleich mit der Situation vom Frühjahr 1998 dramatisch verändert, schrieb „Abendblatt"-Korrespondent Ludger Fertmann aus Hannover. Der Ministerpräsident wirke auf seine Umgebung „leicht verkrampft", und verlässlich sei nur, dass man nie wissen könne, „wie der Chef, Schnelldenker und Choleriker gerade drauf ist".

Alles, oder doch fast alles, scheint im Frühjahr 2002 Gabriels Herausforderer Wulff in die Hände zu spielen. Die Stimmung in Bund und Land, dazu die Fehlgriffe des Chefs der SPD-Alleinregierung an der Leine, und vor allem Gabriels „Laienspiel in der Schulpolitik", wie die „Rheinische Post" anmerkt. RP-Korrespondent Reinhold Michels, den kühlen Journalistenblick auf das Frühjahr 2003 gerichtet, folgert daraus: „Wulff hat langen Atem bewiesen. Gabriel wirkt selbst auf die eigenen Leute politisch kurzatmig." Und schließt seinen Lagebericht mit den Sätzen: „93 Prozent der Niedersachsen kennen Wulff; Gabriels Wert liegt einen Punkt darüber. Wulff wird also ... nicht das übliche Problem von Oppositionspolitikern haben und sich mit ‚Guten Tag, ich heiße Christian Wulff' erst einmal vorstellen müssen."

Von „letzter" Chance, wie die Zeitungen schreiben, will er ausdrücklich nichts wissen. Ein Politiker vermeidet es tunlichst, von „niemals" oder „niemals mehr" zu sprechen. Man will etwas erreichen, und wenn es nicht gelingen sollte, geht man auf neue Ziele los, oder wartet ab. Es ist klug, nicht überstürzt zu handeln. Wulff will auch nichts davon wissen, dass seine ersten beiden Kandidaturen zu früh oder zur falschen Zeit erfolgten. Wer kann schon dafür? Die Zeit hat man nicht im Griff. Die Zeit geht am Ende über uns alle hinweg. In Niedersachsen erinnern sich die älteren unter den „Machern" in der CDU daran, dass Ernst Albrecht nach der Niederlage von 1990 empfahl, „jetzt ganz neu zu beginnen", auf „neue Leute zu setzen" und einen „neuen Anfang zu wagen". Von „neuen Strukturen" sei die Rede gewesen, berichtet der heutige CDU-Landeschef, und ab 1991/92 auch davon, dass man rechtzeitig an einen Spitzenkandidaten für die Wahl von 1994 denken müsse. Und schon bald sei erkennbar geworden, dass Josef Stock, der Parteivorsitzende, und Jürgen Gansäuer, Fraktionschef im Landtag, selber nicht wollten und nach einem anderen, möglichen Kandidaten Ausschau hielten. Bei dieser Suche wurde der Name Prof. Schreiber genannt; er war Präsident der Göttinger Universität, eine hochachtbare Persönlichkeit und früher im Wissenschaftsministerium der Regierung Albrecht Staatssekretär. Dann wurde der Landesschatzmeister der CDU in Niedersachsen und Präsident des Städte- und Gemeindebundes, Dietrich Hoppenstedt, genannt; heute Präsident des Deutschen Sparkassen- und Giroverbandes. Diese Nennung hatte eine gewisse Tradition darin, dass ja auch Ernst Albrecht Schatzmeister war, als man ihm die Kandidatur für das Amt des Ministerpräsidenten antrug.

Plötzlich, so Wulff, habe sein Name in den Zeitungen gestanden, überraschend, von nicht vorhersehbarer Seite ins Spiel gebracht. Und schließlich hätten Helmut Kohl, Rudolf Seiters, Josef Stock und einige andere diese Empfehlung unterstützt. Nach dem Motto: Versucht´s mal mit einem ganz neuen Mann, wenn auch einem noch recht jungen, vielleicht werdet ihr nicht gleich wieder siegen, aber beim übernächsten Mal klappt´s dann. Ein namhafter Unternehmer riet Wulff 1993 von einer Kandidatur ab, weil er – wie sich später zeigte – nicht ganz zu Unrecht meinte, Schröder habe seinen Zenit noch nicht überschritten. Er werde voraussichtlich 1994 und 1998 noch nicht zu schlagen sein. Es wäre schade, wenn er sich allzu früh verbrauchte. Er habe das, so Wulff, damals als „ernst zu nehmende Überlegung und gut gemeinte Warnung" sehr wohl einen Augenblick lang bedacht.

Ernst Albrecht teilte zwar diese Bedenken, machte aber – wie wir inzwischen wissen – bei internen Gesprächen über die Kandidatenfrage zugleich deutlich, dass er Christian Wulff für die „stärkste politische Begabung in Niedersachsen" ansehe. Man werde es vielleicht noch bedauern, wenn sich der junge Mann allzu bald verschleißen würde. Wulff jedoch, auch darin wieder Führungswille erkennbar, hielt dem entgegen, dass er an eine langfristige Strategie denke.

Selbst wenn er aus den genannten Gründen zweimal unterliegen sollte, werde er die Partei bis 1998 so weit hinter sich gebracht haben, dass sie ihm eine dritte Chance einräumen würde. Ein Weggefährte erinnert sich in diesem Zusammenhang daran, Ministerpräsident Albrecht habe Wulff bei seiner Verabschiedung aus dem Vorstand der Jungen Union auf dem Niedersachsentag von Bad Pyrmont 1985 die Prophezeiung mit auf den Weg gegeben: „Sie könnten mein Nachfolger werden." Die Zeitungen berichteten, das habe ihn „ein bißchen stolz gemacht".

Wilfried Hasselmann, dem dies in einem Gespräch erzählt worden war, habe dann in seinem Grußwort dagegen gehalten und gemeint, das mit dem Nachfolger könne ja irgendwann einmal tatsächlich eintreten, „aber da kommen wohl noch ein paar andere dazwischen". Hasselmann als überzeugter Protestant hatte zwar das eine oder andere gegen den Katholiken Wulff einzuwenden gehabt, aber er hat ihn immer wieder unterstützt.

Hasselmanns Tragik bestand darin, dass er als charismatischer Parteiführer für die CDU zwar beeindruckende Erfolge bei Wahlen erzielte, doch das Amt des Ministerpräsidenten jeweils knapp verfehlte. Daraufhin setzte die Partei, lebhaft unterstützt von der Bundes-CDU, auf eine Doppel-

114

strategie: Hie Parteichef, dort Kandidat für das Spitzenamt. Hasselmann hatte Ernst Albrecht bei der Brüsseler EU-Kommission selbst entdeckt und nach Hannover geholt, wo „sein Mann" im Sommer 1976 unerwartet zum Regierungschef gewählt wurde. Stimmen aus den Reihen der SPD oder FDP hatten dies möglich gemacht. Ernst Albrecht machte etwas daraus und führte das Land Niedersachsen fast anderthalb Jahrzehnte.

Das gehe vor allem auf das Wirken von Hasselmann zurück, „dem die CDU Niedersachsens unendlich viel zu verdanken hat. Er hat die CDU im Lande zusammen geführt und damit stark gemacht, unter Verzicht auf die Krönung seiner politischen Karriere", sagt Wulff im Blick auf seine eigenen frühen Jahre in der niedersächsischen CDU. Dem Freizeitbarden Hasselmann, der immer eine fröhliche Strophe zu schmettern hatte, möchte der Spitzenkandidat für die Wahl am 2. Februar 2003 am liebsten selber ein Heldenlied dichten: „Er hat immer loyal an Albrechts Seite gestanden, den Ausputzer gespielt und die Schwächen des Ministerpräsidenten kompensiert, hat Bürgernähe bewiesen, einen riesigen Mitgliederzuwachs bewirkt und die Einheit der Partei unerschütterlich gemacht."

Hasselmann stimmt nachdenklich, bleibt aber Vorbild

Trotz großer Wahlsiege machte man Hasselmann schon 1975 bei der Wiederwahl zum Fraktionsvorsitzenden im Landtag klar, dass er 1978 für diesen Posten nicht mehr in Frage komme. Werner Remmers stand damals auf der Matte, um gegen Hasselmann anzutreten. Hasselmanns Aussage bei seiner

Wiederwahl 1978, Ernst Albrecht als Spitzenkandidat vorzuschlagen, vereitelte jedoch Remmers' Planungen. Das Missbehagen Wilfried Hasselmanns gegenüber Katholiken aus Osnabrück-Emsland war seitdem aber ziemlich gestiegen. Nach der Wahlniederlage 1990 entschied sich Hasselmann, den Parteivorsitz niederzulegen, den er 22 Jahre innegehabt hatte. Es gab vier Kandidaten für seine Nachfolge: Josef Stock aus Osnabrück-Emsland, Klaus-Jürgen Hedrich aus Celle-Uelzen, Wolfgang von Geldern aus Cuxhaven und Werner Münch aus Oldenburg/Vechta-Lohne. Hasselmann hatte Stock verhindern wollen, die andern drei waren ihm recht. Stock wollte er nicht, wohl wegen der seit 1975 bestehenden kritischen Position gegenüber den Katholiken im Emsland. Hasselmann lud Hedrich, Münch und von Geldern zu sich, wo ihm die drei erklärten: „Wir kandidieren ja überhaupt nur, weil du uns mal ein Zeichen gegeben hast, dass einer von uns dein Nachfolger werden könnte..." Es ging dann reihum, Hedrich erklärte, aber das hast du mir doch versprochen, Münch sagte, er sei gemeint gewesen und Wolfgang von Geldern behauptete schließlich desgleichen. Es war eine skurrile Sitzung, mit der Hasselmann eigentlich erreichen wollte, dass es nur einen Kandidaten gab. Wolfgang von Geldern verzichtete dann kurz vor dem Parteitag mit der legendären Begründung, für eine Verjüngung und Erneuerung sei die Partei wohl noch nicht so weit; er war der jüngste unter den Anwesenden, aber auch nicht wesentlich jünger als seine Mitbewerber.

Nach diesem gescheiterten Versuch lud Hasselmann Wulff in sein Haus nach Nienhof bei Celle ein, um ihn zu fragen, ob er nicht für den Vorsitz kandidieren wolle. Wulff antwortete klar, verbindlich und abschließend, eine Kandidatur komme für ihn „gar nicht in Frage". Er sei gerade mal Be-

zirksvorsitzender in Osnabrück-Emsland geworden, befinde
sich beim Aufbau seiner Anwaltstätigkeit und empfehle im
übrigen Josef Stock. Auf dem nächsten Landesparteitag wurde Stock gewählt, was bei Hasselmann keine Freude hervor-
rief, sondern die bestehenden Spannungen eher noch ver-
schärfte.

Wir haben uns zusammengerauft

„Wir haben uns dann im Landesvorstand zusammengerauft",
fasst Wulff in der Rückschau zusammen. Es dauerte danach
nicht mehr lange, bis der Vorsitzende Stock ihn als Spitzenkandidaten für die nächste Landtagswahl vorschlug. Für eine
in Teilen zerstrittene Landespartei fiel das Wahlergebnis von
97 Prozent für den Kandidaten Wulff phänomenal aus; kein
Zweifel, hier deuteten sich erste Möglichkeiten einer gründ-
licheren Konsolidierung der Niedersachsen-CDU nach nur
wenigen Jahren der Irritation und Neuorientierung seit dem
Verlust der Macht an. Wulffs Respekt vor Hasselmann hat
seitdem nur noch zugenommen; im Nachhinein verstand er
wohl besser die Sorge eines altgedienten Parteiführers um
den rechten Weg in die Zukunft. Hasselmanns Selbstlosig-
keit und Treue zur Partei, da er nun schon seit vielen Jahren
weder ein Amt in ihr versieht noch irgendeinen persönlichen
Vorteil aus ihr zieht – das macht ihn wahrhaft unabhängig
und für den heutigen Vorsitzenden unentbehrlich als Ratge-
ber. Kritisch sieht Wulff bei seinem Ehrenvorsitzenden Wilfried Hasselmann lediglich, dass dieser manchmal geneigt ist,
Positionen zu beziehen, die derjenige ihm gerade vorgetra-
gen hat, der zuletzt mit ihm telefoniert hat.

Ein Risiko eingegangen zu sein, mit einer verfrühten Kandidatur leichtsinnig eine gradlinige Karriere zu gefährden, will er im Nachhinein nicht bestätigen. Sein Selbstbewusstsein hat sich offenbar in großer Unbefangenheit sehr früh ausgeprägt, als Sprecher der Schüler-Union, Fachschaftssprecher an der Universität, schließlich als einer der ganz Jungen im Landesvorstand der CDU. Diesen Erfolg „mir nichts, dir nichts" aufs ganze Land zu übertragen, darin allein habe er ein- oder eben zweimal Schiffbruch erlitten, wie er einräumt. Jugend begeht Irrtümer, in gutem Glauben an die Machbarkeit des Notwendigen.

Der Kandidat schließt aus seinem Erfolg im unmittelbaren Umfeld, dass – wo man ihn kennt, sehen, sprechen, hören und mit ihm diskutieren kann – er tatsächlich „ankommt". Für die mediale, d. h. durch die Printmedien oder das Fernsehen erzielte Darstellung braucht er nach aller Erfahrung und Einschätzung seiner Wirkung offenbar längere Zeit. Dieses Ziel scheint nun bald erreicht. Nun wird er seiner Sache immer sicherer, und „das ganze Land, für das es bisher nicht gereicht hat", stehe nun auf „seiner" Tagesordnung.

Ein Sozialpolitiker ohne Tabus

Seine bundespolitische Rolle spielt Christan Wulff mit Verve. Sie trägt ihm zugleich Achtungsbeifall in den Medien ein; es treten freilich auch Kritiker auf, während andere sein Streiten für tief greifende Reformen loben. Im April 2001 macht er bei der Veröffentlichung des ersten Papiers der CDU-Sozialstaatskommission Schlagzeilen mit der Forderung nach einer „sozialpolitischen Debatte ohne Tabus".

Als Vorsitzender dieser beim Präsidium der CDU angesiedelten Kommission weiß er natürlich um die außerordentliche Bedeutung des Themas in öffentlichen Auseinandersetzungen, vornehmlich in Wahlkämpfen. Seine These: Es gilt, eine „neue Abgrenzung zwischen kollektiver Absicherung und persönlicher Verantwortung" vorzunehmen. Betroffen sind vor allem die Arbeitslosenversicherung und die Modalitäten der gesetzlichen Krankenversicherung. Der Ansatz ist klar: Die CDU kann sich, anders als die Sozialdemokraten, eine Stärkung der selbstverantwortlichen Beteiligung der Versicherten in Zukunft nicht nur vage vorstellen, sondern möchte sie zum Teil des Systems machen.

Das geht natürlich nicht ohne Widerstände auch in Teilen der veröffentlichten Meinung ab. Denn der zuständige Sozialpolitiker an der Spitze der CDU empfiehlt nicht weniger als eine Umkehr im Denken der Versicherten. So schlägt er für die Arbeitslosenversicherung grundsätzlich drei verschiedene Tarife vor: Als eine der Möglichkeiten könne ein Arbeitnehmer auf Lohnfortzahlung in den ersten vier bis acht Wochen verzichten. Dafür brauche er auch nur erheblich weniger in die Arbeitslosenversicherung einzuzahlen. Beim zweiten möglichen Tarif bleibt die Lohnfortzahlung wie bisher erhalten, dafür entfällt der Anspruch auf Arbeitsbeschaffungsmaßnahmen. Dritte Möglichkeit: Erhalt der bisherigen Rundum-Sicherung bei vollem Beitragssatz.

Bei der Krankenversicherung solle Ähnliches gelten. Auch dort solle man bestimmte Leistungen „abwählen" können. Beispiele: Ansprüche auf Arzneien, Hilfsmittel, Fahrtkosten im Krankheitsfall, Mittel zur Potenzsteigerung oder Folgebehandlungen nach kosmetischen Operationen. Die Kombination von günstigen Wahltarifen mit Elementen stärkerer

Selbstbeteiligung – wie es bei Privatversicherten üblich ist – solle es auch im kollektiven Versichertensystem geben. Während ihm Arbeitgeber-Präsident Dieter Hundt mit unterstützenden Äußerungen beisprang, kritisierte die „Süddeutsche Zeitung" die Wulff-Idee als „Anfang vom Ende der kollektiven Versicherungssysteme". Hundt ging sogar einen Schritt weiter und verlangte, „Leistungen per Krankenschein auf eine medizinische Grundversorgung zu beschränken."

Zustimmung erteilte im Kommentar der leitende Redakteur und Politikchef der „Bild am Sonntag", Alfred Merta. Er überschrieb seinen Leitartikel, dem Thema angemessen: „Der Weg zur sozialen Gerechtigkeit". Unter Hinweis auf die seinerzeit ausufernde Diskussion im sozialdemokratischen Regierungslager über die dringliche Reform der Sozialsysteme („Es gibt kein Recht auf Faulheit") schrieb Merta:

„Auch in der CDU ist eine Debatte um soziale Gerechtigkeit entbrannt, angestoßen von den verdienten Altpolitikern Blüm und Geißler. Deren Schlagworte – etwa ‚Solidarität statt Kapitalismus'– werden der jungen Parteiführung allerdings nicht weiterhelfen. Merkel und Merz müssen Lösungen finden, wie sich Deutschland im immer brutaleren Wettbewerb der Weltwirtschaft behaupten und dennoch den wirklich Schwachen im eigenen Lande weiterhin verlässlich helfen kann. Der Vorschlag des stellvertretenden CDU-Vorsitzenden Wulff, bei den Sozialversicherungen verschiedene Leistungskataloge und damit auch verschiedene Beiträge anzubieten, geht in die richtige Richtung. Er schafft mehr Gerechtigkeit und er ist sozial, weil er Arbeitslosen- und Krankenversicherungen erlaubt, sich auf den Kern ihrer Aufgaben zu konzentrieren."

Auch die „Welt" hielt Wulffs Anregungen, denn mehr woll-

120

ten sie ja zunächst nicht sein, für „höchst bedenkenswert". Sein Vorschlag zur Arbeitslosenversicherung könne sogar zur Vermeidung von noch größerer Arbeitslosigkeit beitragen. In einem Kommentar meinte Carl Graf Hohenthal weiter, an den Empfehlungen des CDU-Präsidiumsmitglieds für eine Grundsicherung im Gesundheitswesen führe „auf längere Sicht kein Weg vorbei".

Dem im Jahre 2001 verabschiedeten Papier der Sozialstaatskommission waren lange, intensive Beratungen vorausgegangen. Sie basierten vor allem auf Wulffs entschiedenem Bekenntnis zu einer radikalen Reform der gesetzlichen Krankenversicherung und ihrer Verzahnung mit den Möglichkeiten eines dauerhaft gesicherten Gesundheitswesens. Dazu hatte Wulff bei einem freimütigen Meinungsaustausch mit Vertretern des Freien Verbandes Deutscher Zahnärzte in Osnabrück mit programmatischem Anspruch geäußert: „Das mittel- und langfristige Ziel unserer Politik muss ein Umbau des Gesundheitssystems sein, wenn wir es auf Dauer finanzierbar halten wollen."

Er sei der „festen Überzeugung, dass verstärkt freiheitliche Problemlösungen in unserem sozialstaatlichen Gefüge sich auf Dauer durchsetzen werden." Mit der Parole, jeder müsse jetzt mal (vorübergehend?) „den Gürtel enger schnallen, werden wir nicht weiterkommen." Die CDU-Vorsitzende Angela Merkel gebrauchte die Formulierung, die Union strebe nach einem „fairen Sozialstaat", womit sie genau die Intentionen ihres politischen Freundes traf. Diese Formulierung ging auf eine Idee von Werbefachmann Thomas Heilmann zurück.

Es ging und geht bis jetzt darum, allen Bürgern bei Altersvorsorge und Krankenversicherung künftig mehr Eigenverantwortung zuzumuten und damit indirekt, aber eben wirkungsvoll den Arbeitsmarkt beweglicher zu gestalten. Die „großen Lebensrisiken" sollen zwar auch weiterhin der Solidargemeinschaft aufgebürdet werden, doch die sozialen Sicherungssysteme müssten sich insgesamt auf eine „Basissicherung hin orientieren" (Merkel). Wulff fand neben den vielen streng sachlichen Feststellungen für die neue Politik die griffige Formel: „Weg vom Einheits-Menü – hin zur Restaurant-Auswahl".

Wulff hat mit dem Fragenkomplex „Soziales und Gesundheit" und auch der Teilnahme an den Rentenkonsensgesprächen im Jahr 2000 sein politisches Aufgabengebiet erobert. Mit Norbert Blüm eine auch nur annähernde Parallele zu ziehen, der das weite und teils wild überwucherte Feld Jahrzehnte lang für die Unionsparteien beackerte, fällt schwer. Blüm, rheinisch-katholisch geprägt und oft in Vater-Kolping-Manier seine Arbeitnehmerpolitik begründend, ständig das bunt schillernde Wörtchen „solidarisch" auf den Lippen, das war eine andere Welt. Wulff war niemals in der Arbeiter- und Arbeitswelt heimisch gewesen wie es der gelernte Schlosser Blüm (mit anschließendem Philosophiestudium) war. Er kommt aus einer anderen, eher bürgerlich geprägten Sphäre, und geht einen anderen Weg. Den modernen, zukunftsgerichteten, an den der Kumpeltyp Norbert Blüm nicht recht glauben mochte, den er vielleicht sogar für grundfalsch hält, obwohl ihm die Kohl-Regierung bereits die neue Richtung wies, die er nicht mehr einschlagen wollte. Wenn Blüm vormals von „neuer Sozialpolitik und Rentenreform" sprach, meinte er vorsichtige Korrekturen am System und keine Sekunde lang eine wahrhaftige Reform!

Wulffs Thema greift die Fragen der Zeit auf, die längst hätten beantwortet werden müssen. Nehmen wir nur die Gesundheitspolitik, für die über viele Jahre hinweg zum Teil auch der Arbeitsminister verantwortlich zeichnete, und hören und lesen einige Sätze aus der Werkstatt Wulff, dann erkennen wir rasch den Unterschied. Im Redaktionsgespräch mit der Fachzeitschrift SPEKTRUM sagt er im Frühjahr 2002: „Unsere Gesundheitspolitik in Deutschland krankt daran, dass wir uns in eine endlose Zahl von Einzelschritten, Rechtsänderungen, Verordnungen, Vorgaben und Erprobungen von Budgets verstrickt haben. Am Ende stand immer die Feststellung, dass nichts verbessert worden war, sondern allenfalls Entwicklungen aufgehalten wurden."

Dem Sozial- und Gesundheitspolitiker erscheinen derlei Vorläufigkeiten nichts als Zeitverschwendung, wenn nicht Schlimmeres. Er vertritt die naheliegende Ansicht, dass die in der Gegenwart getätigten Basisinnovationen künftige Entwicklungen prädominieren: „So wie es bei der Dampfmaschine war, und wie es jetzt beim Computer ist, wird es in den nächsten 20 bis 30 Jahren die Gesundheits- und Wellness-Bewegung sein, die den Binnenmarkt wesentlich prägen dürfte."

Ein Generationenwechsel im Nachdenken über veränderungsbedürftige soziale Tatbestände kündigt sich an; desgleichen darin, dass rascher als in der Vergangenheit geschehen nun die notwendigen Konsequenzen aus den längst erfolgten technischen und gesellschaftlichen Umwälzungen gezogen werden. Wulff steht dafür ganz offensichtlich zur Verfügung. Er besitzt die nötige Unbefangenheit und hat zugleich den Mut, auch die damit verbundenen Risiken einzugehen. „Bewahren ist gut, verändern zuweilen besser", könnte einer seiner Wahlsprüche lauten.

Es liegt vielleicht doch an den Genen
Christian Wulff im Gespräch mit dem Autor

Ein Ur-Ur-Großvater war Mitglied des Preußischen Land-
tags. „Vielleicht", so räsoniert der 42-Jährige im Gespräch,
„liegt´s ja doch an den Genen." Politiker ist er geworden, und
ein bekannter und anerkannter dazu.
Den Schüler drängte es bereits, wie wir wissen, in die Öffentlichkeit. Dem eher bescheiden und rücksichtsvoll auftretenden
Chef der Oppositionsfraktion im niedersächsischen Landtag
mag man es kaum anmerken, dass er so frühzeitig den Anspruch auf Mitwirkung in einer der großen Volksparteien an-
gemeldet hat. Und doch war es so. Man staunt noch heute und
fühlt sich belehrt darüber, dass es offenbar auch anders als üblich geht.
Er hat lebendigste Erinnerungen daran, wann „seine" Partei
ihren ersten Höhepunkt erlebte, seit er in ihr mitgemacht hat.
Das war 1984, knapp zwei Jahre nach Übernahme der Regierungsverantwortung in Bonn unter Führung von Bundeskanzler Helmut Kohl. Euphorie hatte sich überall dort aus-
gebreitet, wo CDU und CSU ihre Anhänger hatten; man fand
Kohl „toll", wie die Jüngeren sagten – darunter der damals
25-jährige Christian –, und die Welt schien in Ordnung. Bis,
ja bis es zum Sündenfall des „Amnestiegesetzes" kam!
Wulff: „Als uns zu wohl war, da gingen wir, wie der berühmte
Esel, aufs Eis... Von da an verloren wir kontinuierlich
Stammwähler, bis in das Jahr 1998 hinein und darüber hin-

aus. Wir verloren, wie es Heiner Geißler ausdrückte: Stammwähler und das Vertrauen weiter Kreise der Bevölkerung. Wir
haben uns bis jetzt nicht ganz davon erholt. Geißler, der damals Generalsekretär der Partei war, hat sich später dazu bekannt, es sei sein größter Fehler gewesen, dass er sich ‚von
den Hardlinern der CDU/CSU-Fraktion in die Zustimmung
zum Amnestiegesetz hat nötigen lassen'. Die Parteien be-
nahmen sich damals, als seien sie allmächtig; und die regierende Union erst recht. Es war meine erste große Ernüchte-
rung in der Politik. Ich hoffte inständig, dass das nicht so
weitergehen würde..."
Die Erinnerung ist lebendig geblieben; und als ‚Drahtzieher'
der umstrittenen Selbstreinigung der CDU von Fehlern der
Vergangenheit erkannte er rasch den Geschäftsführer der
Fraktion, den nachmaligen Kanzleramtschef und Bundesinnenminister Wolfgang Schäuble:
„Es war ein klassischer Schäuble. Das Ding geheim zu machen, das hat ihn auch noch stolz gemacht, stolz wie Oskar,
bis zur Abstimmung kein Wort darüber, ohne Beteiligung der
Kollegen im Parlament, ohne Medien natürlich, ohne jegliche Kontrolle. Schäuble hat damals, nach meiner Erinnerung
zum ersten Mal, als Organisator der Macht seine ganze Fähigkeit entfaltet, freilich an einem untauglichen Objekt, bei
der falschen Sache. Schäuble besitzt ein Talent, nach dem
Motto zu handeln: Wenn die Berge dort im Weg stehen, muss
ich sie eben besteigen."
Auf die Frage, ob er damals nur „erbost" oder „entsetzt" gewesen sei wegen der – vorsichtig ausgedrückt – Verfahrens-
tricks, antwortet Wulff heute ohne überlegen zu müssen: „Ich
war entsetzt." Zwar kam ihm niemals der Gedanke, deshalb
die Partei zu wechseln. Doch er fühlte wohl schmerzhaft die

Diskrepanz zwischen dem Vertrauen, das die Menschen einer bürgerlichen Partei wie der CDU entgegenbrachten, und dem schweren Missgriff (manch einer sprach gar von Rechtsbeugung), den die Bundestagsfraktion sich hatte zu Schulden kommen lassen. Dieser Missgriff wurde nach geraumer Zeit zwar zurück genommen, niemals aber wieder gut gemacht, und das Misstrauen bei vielen Menschen im Lande ist wohl geblieben. Mit der von Kohl angekündigten „geistig-moralischen Wende" war ein solches Verhalten jedenfalls nicht zu vereinbaren.

In Übereinstimmung mit vielen seiner politischen Gefährten in Niedersachsen und darüber hinaus meint Wulff noch heute, dass Kohl politisch nur überlebte, weil in dessen zweiter Wahlperiode die Einheit Deutschlands vollzogen werden konnte. Das sei „eindeutig". Ob der langjährige CDU-Bundesvorsitzende und Wulffs „Ziehvater" die Einheit nicht nur organisatorisch „bewerkstelligt", sondern tatsächlich auch „gewollt" hat, in s e i n e r Regierungszeit gewollt hat, kann der Jüngere in der Rückschau auf die 80-er Jahre verbindlich und zweifelsfrei beantworten:

„Kohl hat immer so einen Dämon gesehen, wie den österreichischen Kanzler Bruno Kreisky nebst Sozialisten in West- und Ostdeutschland, die ein anderes Deutschland anstrebten. Kohl war und blieb Europäer, ganz dem Westen zugetan, für ein freiheitlich-demokratisches Deutschland, aber keines zu Lasten von Freiheit und Demokratie. Er gab sich stets skeptisch gegenüber dem, was ein vereinigtes Deutschland politisch bedeuten würde. Anschluss an die westdeutschen Verhältnisse, ja; doch kein gleichberechtigtes Nebeneinander von bürgerlicher Freiheit und sozialistischer Weltauffassung. Auf einer Fahrt durch meinen Wahlkreis erzählte er, dass er Sorge habe, deutsche Sozialdemokraten und Kreisky-Sozialisten könnten eine Einheit von DDR, Bundesrepublik und eben Österreich anstreben. Er nannte das eine Horrorvision und malte sie während unserer gemeinsamen Autofahrt in düsteren Farben aus..."

Im Bundesvorstand hatte er bereits 1979 und 1980 stets berichtet, wenn sich die Ost-CDU um Kontakte zur CDU in der Bundesrepublik Deutschland bemüht hatte. Er lehnte dies wegen deren Blockparteistatus ab und forderte stets dazu auf, die Kontakte von Mensch zu Mensch aufrechtzuerhalten und zu vertiefen.

Irritationen und frühes Leid

Die Epoche der Irritationen mit der Folge frühen Leidens unter mangelndem Vertrauen in die Parteioberen (zu denen man bald selbst gehören würde) war innerlich noch nicht ganz überwunden, da traten neue Erschütterungen im Parteigefüge auf, welche die schlimmsten Erinnerungen an das Amnestie-Gesetz und dessen bittere Konsequenzen für die Glaubwürdigkeit der CDU wachriefen. Zwar waren die Ereignisse über das Geschehen der Vergangenheit bereits hinweg gegangen, doch ließen sich nicht alle Makel so einfach aus dem historischen Gedächtnis tilgen. Nicht genug damit, dass die Unionsparteien die Bundestagswahl 1998 verloren hatten. Mit dem, was als „Spendenaffäre" in die jüngere Geschichte eingehen sollte, sah sich die CDU – inzwischen unter der Führung von Wolfgang Schäuble – seit dem Herbst 1999 mit einem Dilemma konfrontiert, das sich nicht auf Helmut Kohls Person beschränken ließ. Die Partei insgesamt sah sich durch die Medien, und zwar vor allem die bürgerlich-konservativen Zeitungen (!), auf die Anklagebank gedrängt.

Für Christian Wulff brach eine Welt zusammen. Die große Faszination, welche der jüngere Helmut Kohl auf den Parteinachwuchs, also auch auf ihn, ausgeübt hatte, drohte mit einem Schlage in nichts zusammenzufallen. Schon bevor es richtig krachte, begann Kohl ihm zunehmend intolerant, extrem dominierend, langatmig in seinen Ausführungen an den Nerven zu zerren. Das Maß war irgendwann voll, der Bruch mit ihm unausweichlich, bei aller Anerkennung seiner in zeitgeschichtlicher Dimension überragenden Erfolge. Gleichwohl habe er „das alles loyal und konsequent bis zur Wahlniederlage im September 1998 mit getragen". Dann trat etwas ein, womit er in keinem Falle gerechnet hatte: Kohl erscheint auf der konstituierenden Sitzung des neuen Bundesvorstandes, inzwischen mit Schäuble als Vorsitzendem, und trumpft in penetranter Weise auf, dirigiert, dominiert und leitet unausgesprochen die Sitzung, als wäre er immer noch der Chef! Wulff reflektiert noch einmal diesen für ihn „unerhörten" Vorgang:

„Ich hielt zwei Szenarien für denkbar: Kohl verzichtet bei der ersten Sitzung nach der nun abgeschlossenen, mit seinem Namen verbundenen Ära, um dem neuen Vorsitzenden und den Mitgliedern des Vorstandes ein wenig Freiraum zu gestatten, freie Luft zum Atmen gewissermaßen. Die zweite Möglichkeit schien mir die zu sein: Er kommt, aber schweigt. Die dritte Variante aber hatte ich in keiner Weise bedacht und voraussehen wollen: Er kommt und mischt sich massiv in unsere Geschäfte ein und verhält sich so, als sei er immer noch Parteivorsitzender. Und das geschah eben: Er reklamierte für sich die erste Wortmeldung und beanspruchte desgleichen das letzte Wort. Es war wie immer, und es war entsetzlich. Wir waren wohl alle konsterniert, doch wagte niemand, ihm Einhalt zu gebieten. Das ging dann mehrere Sitzungen so weiter. Und als dann schwere Vorwürfe gegen die Union erhoben wurden, wegen Schwarzgeld und illegaler Rechenschaftslegung, da habe ich den Streit mit ihm über diese Fragen gesucht, weil ich mir nicht vorstellen wollte, dass man nach den Ereignissen von 1984 abermals zu solchen Mitteln würde greifen können. Kohl jedoch schien in keiner Weise bereit, an der Aufklärung mitzuwirken, um Schaden von der Partei abzuwenden. Verniedlichung und Verharmlosung kam für mich nicht in Frage; das hätte einen nachteiligen Effekt gehabt, der den bereits entstandenen Schaden ins Unermessliche vergrößern würde. Für mich war stets Kernkompetenz der Partei ‚Gesetz und Recht‘, manche sagen: Law and Order, speziell Einhaltung von Gesetzen, die man selbst zu beschließen hat und gelegentlich modifiziert. Verstößt man dagegen, regt sich beim Bürger ein Gefühl: Warum soll man sich noch an Gesetze halten, wenn sich die Politiker selber nicht an sie gebunden sehen? Und die Art und Weise, wie Helmut Kohl zu verharmlosen und vertuschen suchte und wie er dem Duzfreund Wolfgang Schäuble nicht einmal den Hauch einer Chance gönnte... Und dass er, Kohl, in keiner Weise bereit schien zu sagen, was denn da alles gewesen sei, keine Anstalten machte, sich zu bekennen und all die Merkwürdigkeiten offen zu legen, eine Strategie zu entwickeln, sich auf die Reaktionen in der Öffentlichkeit vorzubereiten... Nicht das geringste Entgegenkommen von Kohls Seite hierzu. Er hat bis heute nicht eingesehen, dass sein hartnäckiges Festhalten am Verschweigen der Spendernamen uns ewig angreifbar macht, weil jedermann sagen kann: Die CDU hat Gelder genommen, wer weiß von wem und wieviel? Deshalb konnten unwiderlegbar die abenteuerlichsten Spekulationen und Verdächtigungen ins Kraut schießen; ja, man konnte ihnen kaum glaubhaft widersprechen, weil doch die Hauptsache, die Namen der Spender, von Kohl weiterhin geheim gehalten wurden. Es war äußerst schwer für die CDU und nachhaltig schädigend für uns, oft unsinnigsten Vorwürfen entgegenzutreten, die uns eine Verwicklung in die Elf-Aquitaine-Geschichten nachsagten. Dass sich einige Franzosen bereichert haben, unter dem Vorwand, sie müssten in Deutschland Schmiergelder zahlen, obwohl nie etwas gezahlt wurde, das mag wohl angehen und richtig sein. Die daraus indirekt abgeleiteten Vorwürfe gegen die CDU insgesamt aber haben wir unserem ehemaligen Vorsitzenden zu verdanken. Die Dickfelligkeit Kohls hat mich dabei am meisten geärgert und verletzt. Dann kam es zum Freitod eines für Finanzen zuständigen Mitarbeiters der CDU/CSU-Fraktion im Bundestag; wir alle waren entsetzt. Für mich blieb entscheidend, wie die neue Parteiführung auf derlei Vorkommnisse reagierte und welche Konsequenzen sie aus ihnen zog, dass sie niemals verniedlicht und verharmlost, nach dem Motto ‚wo gehobelt wird, da fallen Späne‘, lasst uns darüber reden und dann mag die Sache ein Ende finden. Ich war für Klarheit und Rückhaltlosigkeit bei der Aufklärung der Sache selbst, notfalls dafür, den Sumpf trocken zu legen und erst dann zur Tagesordnung überzugehen. In dieser Krise hatte ich in der Person von Wolfgang Schäuble einen festen Halt, und in Angela Merkel als seiner Generalsekretärin. Angela Merkel versuchte nicht die Spur einer Vertuschung der verworrenen Situation. Später hat sich dann ja auch gezeigt, dass der parlamentarische Untersuchungsausschuss keinen zusätzlichen Streitpunkt zu Tage förderte, den wir nicht bereits im Präsidium der CDU offengelegt hätten..."

... das hat mir unheimlich viel Kraft gegeben

„Fehler macht jeder einmal, das ist allzu menschlich. Aber es hat mir unheimlich viel Kraft gegeben, dass wir nachweisen konnten, nichts mit dem zu tun gehabt zu haben, was uns der politische Gegner darüber hinaus ans Bein kleben wollte, was wir der Öffentlichkeit über Unregelmäßigkeiten früherer CDU-Führungen bereits mitgeteilt hatten. Dass man aber selbst und seine Umgebung solche Fehler einräumt und sagt, ‚das war nicht in Ordnung, doch wir bringen es jetzt in Ordnung', das war für mich eine starke, ermutigende Erfahrung! Am Ende war dann die Beziehung zur Partei gestärkt, und so hatte die Sache sogar noch einen tieferen Sinn. Doch die Beziehung zur Partei war erschüttert gewesen angesichts der täglichen Hiobsbotschaften über unrechtmäßige Gelder an die Union und deren undurchsichtige Verbuchung auf noch weniger transparenten Konten; also das war meiner Generation, die den modernen Zahlungsverkehr kennt, nicht mehr zu vermitteln. Das mochte früher einmal möglich gewesen sein, dass bei Fraktionsvorsitzenden und Parteichefs riesige Bargeldbestände in den Schränken herum lagen: doch das eben ist in meiner Zeit niemandem plausibel zu machen."
Die Frage, ob er unterdessen, wir schreiben das Jahr 2002, seinen Frieden mit Helmut Kohl gemacht habe, beantwortet Wulff mit einem klaren Ja für sich und einem unmissverständlichen bedauernden Nein, was vermutlich das Verhält-

nis von Helmut Kohl zu ihm anbelange. Er hält ihn für einen „phänomenalen politischen Menschen"; doch darin weiß er sich mit vielen Zeitgenossen, vornehmlich seinen Freunden in der Union, einig: „Kohl besitzt große politische, vor allem aber auch bedeutende menschliche Fähigkeiten. Er hat die Partei wie eine Familie geführt, man saß bei ihm wie am Familientisch, und man pflegte die Beine unter diesen Tisch zu stellen, als wäre man daheim. Für mich gab es dann das tiefe Zerwürfnis, nachdem ich eine Kabinettsumbildung und eine Neubesetzung des Amtes des Finanzministers in Nachfolge zu Theo Waigel ins Gespräch gebracht hatte. Als Antwort darauf warf mir Kohl öffentlich den ‚Bruch der Kameradschaft' vor... Dieser Vorwurf bleibt für mich bis heute unverständlich, ja unverdaulich. Umgekehrt wird ein Schuh daraus: man kann Kohl einen fundamentalen Vorwurf nicht ersparen. Wer sich weigert, an der Aufklärung undurchsichtiger Machenschaften mitzuwirken, und stattdessen selber zu einem Teil des Problems wird, dem könnte man die unbedachte Aufkündigung von Kameradschaft in einer Partei vorhalten, bitte nicht anders herum... Es ist mir dennoch klar, dass Kohl in der Geschichte seinen Platz hat; es werden Straßen nach ihm benannt und womöglich Gedenksteine errichtet oder Ähnliches. Doch zunächst einmal musste sich die CDU von ihm distanzieren; daran war ich wesentlich beteiligt, was Kohl natürlich übel vermerkt hat. Was er in der Krisenperiode mit uns machte, nenne ich einen unerträglichen Umgang mit der Partei, mit Schäuble als seinem Nachfolger, mit uns allen. Bevor er fast täglich in die Medien ging, hätte er uns informieren sollen. Stattdessen führte er den bekannten Ein-Mann-Zirkus vor und verlangte zugleich Solidarität mit seiner Person. Auf die durfte er in jener prekären Situation nicht rechnen; das hätte ihm klar sein müssen... Zu seinem 70. Geburtstag habe ich ihm dann allerdings geschrieben und zum Ausdruck gebracht, dass ich ihn jenseits aller Widrigkeiten aus jüngster Zeit für einen bedeutenden Staatsmann halte und ihm für die Zukunft alles Gute wünsche. Auch beim Tode seiner Frau habe ich ihm mit tiefem Mitgefühl kondoliert."

„Es steht zu vermuten, dass er über diese Zeichen zwar förmlicher, doch eben behutsamer Zuwendung mit der bei ihm üblichen Verachtung gegenüber missliebigen Personen hinweg gegangen ist. Kohl pflegt Menschen, die ihm in irgendeiner Weise unbequem wurden, gewissermaßen auf ewig abzuschreiben. Sie waren für ihn ganz einfach erledigt, nur noch elende ‚Subjekte', wie er sie abschätzig zu nennen beliebte und mit denen er nichts mehr zu tun haben wollte. Dieses Für-ewig-erledigt-Sein ist offensichtlich sehr ausgeprägt bei ihm. Ich selbst bin jemand, der mit anderen, meinethalben über zehn Runden hinweg, eine scharfe Klinge kreuzen, der aber niemals hassen kann; ich bin dazu nicht in der Lage. Zu dauerhafter Ablehnung eines Menschen reicht´s bei mir nicht. Ich kann ironisch sein, wohl auch zynische Bemerkungen über jemanden machen, doch auf Dauer im Streit le-

Christian Wulff an Helmut Kohl, 31. März 2000:

Sehr geehrter Herr Bundeskanzler,
lieber Herr Dr. Kohl,

zu Ihrem 70. Geburtstag gratuliere ich Ihnen mit allen guten Wünschen. Sie haben für unser Land, unsere Partei und mich ganz persönlich bleibende Verdienste. Die aktuellen Ereignisse ändern daran nichts. Schade, dass wir uns häufig so fern waren und sind in unseren

[Handschriftlicher Brief]

31. März 2000

Sehr geehrter Herr Bundeskanzler,
lieber Herr Dr. Kohl,

zu Ihrem 70. Geburtstag gratuliere ich Ihnen mit allen guten Wünschen. Sie haben für unser Land, unsere Partei und mich ganz persönlich bleibende Verdienste. Die aktuellen Ereignisse ändern daran nichts. Schade, daß wir uns räumlich so fern waren und sind in unseren Einschätzungen. Ich wünsche Ihnen Kraft, Zuversicht, eine gute Gesundheit und uns das Ertragen von Bandbreite. Meiner Tochter werde ich später berichten können, Sie und Ihre menschliche Art kennen- und schätzen gelernt zu haben. Mit Dank und guten Wünschen,

[Unterschrift]

Einschätzungen. Ich wünsche Ihnen Kraft, Zuversicht, eine gute Gesundheit und uns das Ertragen von Bandbreite. Meiner Tochter werde ich später berichten können, Sie und Ihre menschliche Art kennenund schätzen gelernt zu haben.

Mit Dank und guten Wünschen

Ihr Christian Wulff

135

ben oder Schlimmeres, dazu würde mir ganz einfach die Kraft fehlen. Es muss immer auch einen Weg geben, der Personen nach heftigen Auseinandersetzungen wieder zusammenführt und zu einem Minimum an gegenseitiger Achtung befähigt. Insofern unterscheide ich mich von Helmut Kohl. So befürchte ich, dass unser Verhältnis für Helmut Kohl ‚durch ist‘, und da wird sich wohl auch nichts mehr tun. Das geht Schäuble mit Kohl nicht anders. Das ist traurig und bedauerlich, doch damit muss man leben können. Schäuble und ich stehen bei Kohl auf einer schwarzen Liste, und da kommen wir unseren Lebtag auch nicht mehr runter. So ist das bei ihm. Ich finde mich damit ab, allerdings bedauernd.“

Wie das gewesen sei mit dem Ehrenvorsitz?

Wulff findet dies auch im Nachhinein noch „völlig richtig und angemessen, im Lichte des damaligen Status eines als unbescholten geltenden langjährigen Vorsitzenden der Partei, der um seinen Platz in der Geschichte ringt. Als dann aber die Sache mit den geheim gehaltenen Spenden, und dies über Jahrzehnte hinweg, ruchbar wurde, hat Schäuble im Präsidium von einem unmittelbar davor stattgefundenen Gespräch mit Helmut Kohl berichtet und gesagt: ‚Wenn jetzt die Parteispitze sich nicht klar positioniert, auf welcher Seite sie steht, dann kann man in der bisherigen Formation nicht weiterarbeiten.‘ Dann waren sich alle einig: ‚Sie müssen weitermachen, und selbstverständlich folgen wir Ihnen darin, dass Kohl den Ehrenvorsitz ruhen lassen muss, bis er die Spendernamen genannt hat.‘ Dem hat sich dann auch der Bundesvorstand angeschlossen. Anschließend hat Helmut Kohl eine Meldung verbreiten lassen, wonach er den Ehrenvorsitz zurückgebe.“

Wulff weiter: „Kohls Verhalten schien mir eine grobe Verhöhnung der Partei. Auf allen CDU-Kongressen lag der Rechenschaftsbericht über die Parteieinnahmen jedem Delegierten vor. Wir haben darauf vertraut, dass alles seine Ordnung hat. Doch Kohl und wenige Eingeweihte haben die Wahrheit gewusst über nicht verbuchte Spenden in Millionenhöhe; sie haben uns Jahrzehnte lang belogen. Später wurde selbst Schatzmeister Matthias Wissmann erst viel zu spät über den wahren Sachverhalt aufgeklärt, dass noch Spenden eingegangen seien, die man verbuchen müsse. Das war ein Affront gegen Partei, Parlament und überhaupt gegen jede Gesetzlichkeit – unerträglich! Ich stelle einen Vergleich an, und habe dies immer getan, mit dem Schatzmeister einer Kreisparteiführung: Wenn der schwarze Kassen geführt hatte, wurde er zur Rechenschaft gezogen. Kohl durfte nicht damit rechnen, mit anderer Elle gemessen zu werden. Er erhob Anspruch auf eine Vorbildfunktion, folglich durfte man sie auch zur Beurteilung seines Verhaltens später heranziehen..."

Ist die Spaßgesellschaft am Ende?

Diese Frage kann oder möchte Wulff nicht definitiv beantworten. Er gibt zu erkennen, für ein „leidenschaftliches Sowohl-als-auch" zu sein. Was das heißen soll, wird dadurch nicht eben leichter verständlich, indem er Soziologen, Zukunftsforscher und Wirtschaftswissenschaftler zitiert. Doch immerhin: Die Frage ist gestellt, und die prinzipielle Ungeklärtheit seiner Position beim Versuch, sie zu beantworten, wirkt sympathisch und macht zugleich auf das Schillernde und Irritierende der Situation unserer Gesellschaft aufmerksam: „Ich glaube, dass immer mehr Menschen – Freizeitforscher weisen verstärkt darauf hin – einerseits Spaß, Vergnügen, Hobby und Unterhaltung brauchen oder pflegen und auf der anderen Seite nicht minder eifrig nach Wertorientierung, Verlässlichkeit und Bindung in Familie und Freundschaft verlangen. Einige wagen sogar die Behauptung aufzustellen, Werte würden wichtiger als Waren. Daran glaube auch ich."

Die *neue Ernsthaftigkeit* in der zivilisierten Welt nach dem 11. September 2001 eröffnet neue Dimensionen eines Bestrebens unserer Gesellschaft, die selbstverständlich Politik und Sachzwänge bejaht, eben weil sonst die dem Menschen unerlässlichen Freiräume und die ersehnte Privatheit nicht länger möglich wären. Wulff schließt sich der Analyse der modernen Forschung an, ohne sich ihr freilich kritiklos auszuliefern. Doch eins leuchtet ein: Politik erscheint mehr denn je als Stabilisierungsfaktor äußerer Sicherheit gegen unwillkommene Einflüsse oder gar Gewalt erforderlich. Deshalb die beidseitige Abhängigkeit von Spaß/Freizeit auf der einen und Ernsthaftigkeit/Schutzfunktion der Politik auf der anderen Seite.

Das soll nicht etwa heißen, es gebe keine Grenzen staatlicher Zuständigkeiten. Die Gesellschaft muss immer wieder definieren, wo die Macht des Staates enden soll und sie ihre legitimen Interessen gegen Allmachtsansprüche der Politik anmeldet. Dass *Spaßgesellschaft* auch Beliebigkeit der Bildungsinhalte bedeuten kann, irritiert den Politiker Wulff wenig. Er verteidigt nachdrücklich den Anspruch der Menschen in der modernen Gesellschaft auf Entspannung und eben den Spaß, der ihr den nicht ganz ernst gemeinten Namen gegeben hat. Die scharfe Abgrenzung von Spaß einerseits und Ernsthaftigkeit andererseits will er einfach nicht mitmachen. Denn setzt man statt des Wortes *Spaß* den Begriff *Freude* ein, so ließe sich ja sagen, dass gesellschaftliches Engagement und Hilfe für bedürftige Menschen, sei es in materieller oder geistiger Hinsicht, auch Freude bereiten könne. Damit wäre wiederum eine Brücke zwischen diesen vermeintlichen Gegensätzen geschlagen. Es läuft darauf hinaus, dass der reine Hedonismus, also die pure Freude am genussvollen Dasein, und das Zusammenwirken mit anderen bei Spiel, Spaß und/oder Arbeit sich nicht ausschließen müssen. Im Unterschied dazu räumt Wulff in einem ausführlichen Beitrag für die Zeitschrift CIVIS / SONDE (April 2002) ein, ein mögliches Ende der Spaßgesellschaft lasse uns vielleicht deutlicher erkennen, „dass unser Leben mehr ist als nur eine Ansammlung von Augenblicken, weil dieses unser Leben Haltepunkte aufweist, die nicht vorübergehender Natur sind. Das heißt: Arbeitsplatz, Heimat, Ehe und Familie sind nicht lediglich Bindungen auf Zeit. Wir brauchen feste Bezüge, wie wir sie in der Gemeinschaft mit anderen finden, in der Ehe, in der Familie, in Freundschaften, in den Vereinen, in der Gemeinde, in der Hinwendung zu Gott."

Mit seinen 43 Jahren ist er gleichwohl weit davon entfernt, den Bannfluch über die Spaßgesellschaft zu sprechen. Im Gegenteil: Er scheint ihr insgeheim gar nicht einmal abgeneigt zu sein. Er hält es für ein Klischee, die Welt strikt in jene einzuteilen, die sich um nichts als sich selbst kümmern (Generation Golf!), die immer gerade das tun, was ihnen Freude bereitet, sich durch die TV-Programme zappen oder ins Kino gehen, und die andern, die sich pausenlos knechten und in Dutzenden Ehrenämtern sich für Hilfsbedürftige einsetzen und die oft nur dafür belächelt werden. Diese Zweiteilung habe er „niemals mitmachen wollen, weil: Der Einsatz für andere bedeutet eben auch Freude und Genugtuung, manchmal gehört sogar Spaß dazu, im eigentlichen Sinne." Selbstverwirklichung nur so zu definieren, als heiße dies, ausschließlich für sich da zu sein; Opfer und Entbehrung dagegen bedeute, sich nur für andere einzusetzen, unter Verzicht auf Befriedigung von Ich-Gefühlen – das hält Wulff für „eine Verdrehung unserer gesellschaftlichen Verhältnisse".

Diese Auffassung freilich sei weit verbreitet und nicht leicht widerlegbar oder aufzuklären. Entschieden hält er dagegen: Ein Amt zu übernehmen, etwas für andere zu leisten oder mit anderen zu tun, das ist eine gesteigerte Form von Selbstverwirklichung, und es kann Spaß machen:

„Mir macht das Leben Spaß! Wenn ich gefragt werde, wo ich leben möchte, würde ich antworten: Heute, in der Gegenwart, und zwar in Deutschland, genauer in Niedersachsen; ich lebe gerne und freue mich, anderen zu begegnen, es ist die reine Lust zu leben, auf fröhliche Menschen zu stoßen, auf hilfsbereite Menschen, wir machen gerne was wir tun, man opfert sich nicht auf. Wer die Menschen liebt, kann das gar nicht anders sehen oder empfinden. Es ist schön zu leben..."

Seine Frau werde immer bedauert, wie schlimm sie es doch habe, ihren Mann so selten zu sehen, niemals sei er zu Hause und dergleichen mehr. Sie pflegt dann zu antworten, dass ein solcher Zustand auch seine Vorteile habe, Freiräume schaffe für eigenes Tun. Und wenn man sich dann sehe, sei dies meist viel intensiver, als wenn man ständig zusammen sei:

„Meine Tochter sieht mich oft nur einmal in der Woche, dafür haben wir dann mehr voneinander als Väter und deren Kinder, die sich an ein tägliches, daher oft nur gleichgültiges Zusammenleben gewöhnt haben."

Ob sich da einer nur eine Welt zurecht macht, die schön ist, weil sie bei der Belastung eines Spitzenpolitikers nicht anders sein kann, ist schwer zu sagen; vielleicht wissen die Betroffenen selber es nicht genau. Es ist ihnen gleichwohl bewusst, dass sie sich anders als die Durchschnittsfamilie einzurichten haben. Im Falle Wulff scheint Ausgeglichenheit ungeachtet dieser Schwierigkeiten Familientrumpf zu sein. Man genießt, weil es selten ist. Das leuchtet ein. Die Alltäglichkeit des Ungewöhnlichen verbürgt erhöhten Genuss, falls die Ausnahme stattfindet. So einfach ist das und doch auf so besondere Weise zufriedenstellend, abgesehen davon, dass es nicht zu ändern ist.

Ebenso wenig ist, im Rückblick auf die frühen Jahre, an Christian Wulffs Abneigung gegen Kneipen, Stammtische, die üblichen Männergesellschaften, im Nachhinein etwas zu ändern oder zu revidieren. Um sie pflegt er einen großen Bogen zu machen, mangels Erfahrung und Gewöhnung von Jugend an. Da musste er schon als Heranwachsender Verantwortung für die erkrankte Mutter tragen, für die jüngere Schwester im vaterlosen Haushalt.

Er sagt nicht, dass ihm deshalb im Leben etwas gefehlt habe; das habe es nur nicht gegeben, da er sich niemanden denken konnte, der es auch nur finanziert hätte. Ein Musterknabe also? Bestimmt nicht. Doch fiel es ihm schwer, die Ernsthaftigkeit, die sich so früh in die Familie drängte, später einfach abzuschütteln: „Und dann stellte sich das einfach im Erwachsenenleben nicht mehr ein." Das Geständnis klingt zwar entwaffnend, zugleich kann man ihm den Respekt nicht versagen. Er sei gern in Gesellschaft, und in fröhlicher Runde werde natürlich auch mal ein Bier getrunken oder ein Glas Wein; aber er brauche das nicht, um sich wohl zu fühlen.

Es drängt sich der Begriff *Disziplin* auf, der so gar nicht zu seinem jungenhaften Charme passen will. Zunächst zögert er, sich darauf einzulassen, um dann schließlich doch festzustellen, dass er „aus Prinzip ein disziplinierter Mensch" sei. Die Ausschläge nach oben oder unten fehlen; er sei eben ein „durch und durch kontrollierter Mensch", von ausgeglichenem Wesen, zu dem er sich keineswegs zwingen müsse. Diese Ausgeglichenheit ist offensichtlich von früher Kindheit an geübt, und nun sitzt sie für den Rest des Lebens. Es fällt ihm schwer, angefangene Arbeit aus Bequemlichkeit liegen zu lassen; die an ihn gestellten Forderungen sind einfach zu erfüllen. Anfragen, Hilferufe werden auch dann umgehend beantwortet, wenn er sich außerstande sieht, etwas zu tun; gerade dann. Man kann nicht allen helfen, doch kann man in solchen Fällen briefliche Anfragen rasch beantworten. Das klingt beinahe nach kantianischer Ethik, und das wird wohl auch so sein.

In einigen Fällen fällt es ihm allerdings schwer zu antworten, insbesondere dann, wenn man überhaupt nicht helfen kann und Menschen ihn als letzten Strohhalm ansehen. Bis heute hält er trotz der Ämter als Landes-, Fraktions- und stellvertretender Bundesvorsitzender seine monatliche Sprechstunde in Osnabrück in seinem Wahlkreis ab.

Das Fehlen oder Unterdrücken von Emotionen kann zur Folge haben, dass man nicht oder kaum als ein emotionales Wesen wahrgenommen wird. Ihm selbst kann man diesen möglichen Zusammenhang gedanklich nicht vermitteln. Im Gegenteil: Er habe „in Umfragen vor allem bei der eigenen Anhängerschaft große Zustimmung zu seiner Person gefunden". Er glaubt an die „Seriosität seines Auftretens und seiner Wirkung", deshalb kann er mir das mit den Emotionen in Bezug auf befürchtete oder erhoffte Reaktionen des Publikums nicht abnehmen. Jedenfalls hält er es für „ausge-

schlossen, selbst abseits der Öffentlichkeit einen Tobsuchts-
anfall zu bekommen", wie es bei manchen Politikern nicht
nur einmal vorgekommen sei und noch immer geschehe,
wenn man dem Büroklatsch Glauben schenken möchte.

Nelson Mandela faszinierte mich von Beginn an

Als seine Vorbilder in Geschichte und Gegenwart nennt
Wulff Persönlichkeiten, die manchem gestandenen Konser-
vativen möglicherweise erst bei einigem Nachdenken einfal-
len würden. Jedenfalls gibt sich unser Mann in dieser Hinsicht eher als ein Liberaler, in Sozial- und Wirtschaftsfragen
aparterweise wiederum als ein Adept des Neo-Liberalismus,
unter dessen Verfechtern wir heute gern und vorschnell Erz-
konservative rubrizieren.
Der Mensch lebt in und mit seinen Widersprüchen, das beweist sich einmal mehr an Niedersachsens führendem Christdemokraten. Amerikas Präsident während des Bürgerkrieges
1861-1865, Abraham Lincoln, fällt ihm als Vorbild oder auch
Leitbild ein. Er stelle sich ihm als Staatsmann dar, „der mit
einfachen, doch eindringlichen Worten Wesentliches über
das Verhältnis Bürger und demokratische Regierungsform gesagt, und anderen oft auch vorgelebt hat". Der amerikanische
Bürgerrechtler Martin Luther King hat ihn offenbar desgleichen mächtig beeindruckt, der für „Menschenwürde, Gleich-
heit und Freiheit" in Wort und Tat gestanden habe. Dann
sieht er als Dritten in der Vorbilder-Genealogie den Frei-
heitskämpfer und nachmaligen südafrikanischen Präsidenten Nelson Mandela. An ihm faszinierte Wulff schon frühzeitig die Tatsache, dass er trotz jahrzehntelanger, erniedri-

gender Haft „unfähig zum Hass gewesen ist, und niemals Vergeltung gesucht, sondern sich die Bereitschaft zum Ausgleich als Prinzip politischen Handelns bewahrt hat." Mandela gehöre für ihn „zu den ungewöhnlichsten Menschen, denen man im Leben begegnen oder von denen man wenigstens Authentisches erfahren kann"; im Falle des großen Mannes Südafrikas durch dessen Autobiographie (*Der lange Weg zur Freiheit*): „Das Buch habe ich natürlich verschlungen."
Wulff schließt sich da ganz den Ausführungen Mandelas an: „Mandela leitet politische Führung nach eigenen Angaben von den Lehren eines väterlichen Freundes ab, der gemeint habe, ein Volk solle man wie der gute Hirte leiten, das heißt: nicht mit Sieben-Meilen-Stiefeln der Herde vorauseilen, sondern seine Schäflein sorgsam beobachten, sie in die richtige Richtung leiten und darauf achten, dass hinten keins verloren geht." Es folgt die überraschende Nutzanwendung dieser Lehre, er selbst führe Partei und Fraktion, „indem ich dafür sorge, dass keiner verloren geht, sensibel-zurückhaltend, aber trotzdem sie in die Richtung weisend, die ich für vordringlich erachte." Wer ohne Rücksicht auf seine Truppe, ständig in diese oder jene Richtung wechselnd, „vorprescht", werde seine politischen Ziele verfehlen oder sich bald über mangelnde Unterstützung zu beklagen haben. Natürlich sieht Wulff diese Variante ungeschickter Führung, die permanent in die Irre läuft, von seinem innenpolitischen Gegner in Reinkultur praktiziert.

Was findet er nur an Hayek?

Auf den Sozialphilosophen, Gesellschafts- und Wirtschaftswissenschaftler Friedrich August von Hayek ist Wulff „irgendwann, vermutlich bei der Lektüre eines Buches oder einer Fachzeitschrift" gestoßen. Er wurde für ihn fortan zu einem Leitbild in Fragen der Wirtschafts- und Sozialordnung. Hayek entstammte einer in Österreich hoch angesehenen Familie. Er gründete 1927 das Österreichische Institut für Konjunkturforschung, wechselte aber schon vier Jahre später als Professor an die berühmte London School of Economics. Nach dem Zweiten Weltkrieg ging Hayek nach Amerika, um dann mit Beginn der 60-er Jahre in die letzte Phase seiner Lehrtätigkeit an der Universität Freiburg im Breisgau einzutreten. Hayek gilt, was seine wissenschaftlichen Arbeiten betrifft, als Verfechter einer strikt liberalen Wirtschafts- und Gesellschaftsordnung. Im Jahre 1974 wurde der große Forscher gemeinsam mit Gunnar Myrdal mit dem Nobelpreis für Wirtschaftswissenschaften ausgezeichnet.

Bei einem christlich-demokratischen Politiker, zumal einem mit katholischem Hintergrund, erscheint die Wahl eines solchen Leitbildes auf den ersten Blick höchst erstaunlich. Doch nur auf den ersten Blick. Wulff zumindest schaute „näher hin". Da er viel und gründlich las und liest, und nicht nur juristische Literatur, entwickelte er „als Kind der bewegten 70-er Jahre" eine besondere Beziehung zu funktionierenden Institutionen, gesellschaftlichen Einrichtungen, Keimzellen der Gesellschaft: der Familie, überschaubaren Einheiten wie Verbänden, Vereinen – für einen Bürgerlichen, als den er sich stets definierte, eine bare Selbstverständlichkeit. Das hieß für ihn, der Staat habe kein vordringliches Recht an der Einzelperson, die sich auch, ja vor allem in den genannten Institutionen wiederfinde. Für ihn war es von Anfang an wichtig zu begreifen, dass es notwendig sei, zunächst einmal das vorgefundene freiheitlich-soziale System zu akzeptieren und, wo möglich und geboten, dieses System von innen oder auch von unten in Einzelheiten zu verbessern, doch niemals zu viel vom Staat zu erwarten. Die Hoffnung auf „die da oben" und die Bürokratie zu setzen, lehnte er schon als junger Mann, obwohl nicht auf Rosen gebettet, rundweg ab. Hayek habe nachgewiesen, dass Gesellschaften gerade dann stabil bleiben, sowie verantwortungsvoll und erfolgreich sind, wenn sie die Institutionen der Gesellschaft, die primären wie sekundären Tugenden hoch halten und das Prinzip der Aufrichtigkeit beachten. Zu den Leitgedanken dieses Hayekschen Weltbildes gehören die Forderungen nach freiem Wettbewerb, dem Respekt von Jung gegen Alt – und umgekehrt –, der Achtung des Eigentums; sie ist nach dieser Lehre mit der Verpflichtung für das gesellschaftliche Ganze verknüpft. Das hat dem jungen Wulff gefallen, kam seinen Idealen von Freiheitlichkeit bei gleichzeitiger Würdigung des Wertes anderer entgegen.

Nach guter CDU-Tradition konnte er niemals etwas mit Vergesellschaftung der Produktionsmittel, mit Diktaten staatlicher Bürokratien, mit einer auch nur von ferne gelenkten Wirtschaft und ähnlichen sozialistischen Modellen anfangen. „Sozialistische Modelle der Gesellschaft, erst recht deren wirtschaftlicher Organisationsform müssen scheitern", sagte er sich schon zu Beginn seiner politischen Karriere. Und mit der war er bekanntlich früh dran. Wer ihn je für einen Linken in der Partei gehalten haben sollte, bekommt spätestens bei seinem Bekenntnis zu Friedrich August von Hayek die Quittung für seine Voreiligkeit.

Und es habe eben etwas mit den Erfahrungen der 70-er Jahre zu tun, in denen in Deutschland die so genannte sozial-liberale Koalition regierte, „dass man nicht bei den christlichsozialen Jüngern von Nell-Breuning, sondern eher bei den Ordo-Liberalen andockte." Dem „Allmachtsanspruch des Staates", der sich unter der Führung zweier SPD-Kanzler (Brandt und Schmidt) penetrant anzumelden begann, habe ihn den originär Liberalen näher rücken lassen. Eine frühe Einsicht, die sich unterdessen als richtig und zukunftsweisend bestätigt.

Da er Konrad Adenauer und Ludwig Erhard nur noch vom Hörensagen kannte, taugten diese beiden Säulenheiligen der CDU für den 1959 geborenen Niedersachsen nicht mehr als lebende Vorbilder. Bei dem großen norddeutschen Idealtypus eines aufrechten und anständigen politischen Menschen Karl Carstens freilich sah die Sache schon anders aus. Der achtzehnjährige Wulff erhielt Anschauungsunterricht in politicis bereits als Sprecher der Schüler-Union in den späten 70-er Jahren. Er durfte an den Sitzungen des CDU-Bundesvorstandes teilnehmen und hat bei diesen Gelegenheiten „einen uneitlen, an der Sache orientierten Carstens" kennen gelernt, bevor dieser 1979 zum Bundespräsidenten gewählt wurde.

Er vergleicht Carstens mit den Idealen, nach denen sich der unvergessene amerikanische Präsident John F. Kennedy – zumindest rhetorisch – zu orientieren liebte: „Frage nicht, was dein Land für dich tun kann, sondern frage, was du für dein Land tun kannst!" Und nennt dann weitere innenpolitische Vorbilder, unter ihnen den verteidigungspolitischen Experten und nachmaligen Verteidigungsminister und späteren Nato-Generalsekretär Manfred Wörner, außerdem Bernhard Vogel in Fragen christlicher Ethik und Bildungspolitik, Ernst Albrecht als profunden Wirtschaftspolitiker. Beeindruckt haben ihn desgleichen die CDU-Generalsekretäre Kurt Biedenkopf und Heiner Geißler. Das galt für deren Talent, einen innenpolitischen Streit zu entfachen und zuzuspitzen ebenso wie für ihre Fähigkeit, langfristige Politikentwürfe vorzulegen. Die aus Rheinland-Pfalz stammende Kulturpolitikerin Hanna-Renate Laurien habe er „unheimlich bewundert", mit ihrem „hohen pädagogischen Impetus, eine Leitfigur für Eltern und Lehrer, nicht nur die Schulpolitikerin..." Die Kunst, in Beispielen und Analogien zu denken und zu sprechen, hat Wulff an Lothar Späth „außerordentlich bewundert". Grundsätzlich gehört seine Neigung und Anerkennung jenen Staatspersonen, die nach Kategorien und Prinzipien handeln. So habe er außer für die CDU-Heroen für den sozialdemokratischen Bürgermeister der Hansestadt Hamburg, Herbert Weichmann, Respekt empfunden, der seine Memoiren *Von Freiheit und Pflicht* betitelt habe. Die Leute mit dem meist kurzfristigen „Aha"-Effekt schätze er dagegen überhaupt nicht. Der sittliche Ernst, den er an seinen Vorbildern schätzt, steht auch ihm sehr gut zu Gesicht, wiewohl er lachen kann, und zwar aus voller Brust – wenn ihm danach ist.

Suche nach Lernorten der Demokratie

Alle reden von Politik; am liebsten jedoch von „Politikverdrossenheit", gemeint ist durchweg nur die *Politiker*verdrossenheit. Im Ernst kann ja niemand an der Politik vorbei. Wir gehen zur Wahl, verfolgen in den Medien den Streit über Gesundheitsfragen, Renten und Arbeitslosigkeit; und allenthalben sind wir Steuerzahler. Deshalb kann der weit verbreitete Ärger im Volke von der Politik schlechthin nicht herrühren, sondern von denen, die sie machen oder wenigstens so tun als ob: den Politikern.

Wulff machte sich frühzeitig auf die Suche nach „Lernorten der Demokratie", die man Kindern und Jugendlichen bieten müsse, damit später einmal aus ihnen ordentliche Staatsbürger würden. Wie in vielen anderen Dingen erweist sich auch hier des Niedersachsen idealistischer Ansatz: Die Demokratie retten, wo ihr noch geholfen werden kann. Am besten sei es, so argumentiert er, unten anzufangen und dann nicht mehr aufhören. Politik als lebenslanger Lernprozess.

Zunächst fällt die Analyse bitter aus. Unter den gesellschaftlichen Institutionen bekommen die politischen Parteien von Jugendlichen die schlechtesten Noten. Sie rangieren auf der Werteskala an allerletzter Stelle: „Die Parteien sollten sich nicht wundern, wenn sie bald keiner mehr wählt", urteilen 78 % der 13- bis 24-jährigen Deutschen. „Die" Jugend mag ein buntes Gemisch von Lebensstilen, Meinungen und Ausprägungen darstellen; in einem Punkte sind sich Jugendliche einig: In der Warnung vor Vertrauen in Politiker. 82 % – Tendenz steigend! – meinen gar, sie würden „sehr oft" von ihnen belogen. Ein deprimierender Befund.

Weit davon entfernt, sich in larmoyanten Klagen zu ergehen, benennt der CDU-Politiker, dem es in seiner Jugendzeit nicht leicht gemacht wurde, ebenso nüchtern wie unbefangen „zunehmend mangelhaftes Wissen über politische Zusammenhänge" als Ursache für die zur Schau getragene Verdrossenheit. Seine Schlußfolgerung lautet gleichwohl:

„Unsere Demokratie braucht nicht nur spontane Mitarbeit, sondern auch aktive Teilhabe der jungen Generation an der politischen Willensbildung über Wahlen und parteipolitisches Engagement. Wenn sie lebendig bleiben will, dann ist unsere Demokratie auf Jugendliche angewiesen, die sich nicht in den Schmollwinkel zurückziehen, sondern sich am öffentlichen Leben beteiligen sowie Entscheidungen und Entscheidungsprozesse mitgestalten. Deshalb sind die politischen Parteien gefordert, sich dieser Herausforderung zu stellen und sie als Zukunftsaufgabe anzunehmen."

Von Anbiederung der älteren Politikergeneration an die Jugend hält Wulff allerdings gar nichts:

„Offenheit, Einfühlsamkeit für andere Lebensgefühle und die Fähigkeit zuzuhören sind gefragt, nicht aber pseudojugendliches Gehabe oder gar plumpe Anbiederung, für die Oskar Lafontaines Techno-Party-Auftritt auf einem SPD-Jugendparteitag das peinlichste Beispiel gab. Das Ohnmachtsgefühl, von der älteren Politikergeneration nicht ernst genommen und lediglich als jugendliches Alibi und schlimmstenfalls als Stimmvieh missbraucht zu werden, hat wesentlich zur Abkehr der Jugend vom etablierten Politikbetrieb beigetragen."

Die Politik insgesamt müsse eben offener werden für interessante Persönlichkeiten, die man nicht nach der üblichen, stromlinienförmigen Karriere befragen dürfe. Eine derartige personelle Öffnung setze freilich voraus, dass die CDU verstärkt den Kontakt zu jenen gesellschaftlichen Gruppen suche, zu denen die Verbindungen entweder gelockert oder ganz abgerissen seien. Dazu gehörten etwa Künstler, Selbsthilfeinitiativen, Bürgerstiftungen, aber auch Kirchengemeinden und örtliche Arbeitnehmervertretungen.

Hinter diesen Empfehlungen und Gedanken zur Erneuerung des gesellschaftlichen Dialogs über die Generationen hinweg steckt die realistische Einschätzung, dass Demokratie kein Naturgesetz, sondern eine in ihrem Bestand unablässig gefährdete Einrichtung ist – so fest oder labil wie diejenigen,

die sie bejahen, tragen oder stützen. Lernorte der Demokratie – was und wo könnten die zu finden sein? Nur in den
Parteien? Wohl kaum. Womöglich auch in der Schule, Familie, im Verein, in Sportgemeinschaften, fast überall dort,
wo Menschen sich zu einem Ideal oder auch nur praktischem
Zweck, zur Erreichung eines Ziels zusammenfinden. Zu
Recht hat die Kinder- und Jugendministerkonferenz 1998 gefordert, Kinder und Jugendliche möglichst frühzeitig und umfassend an Angelegenheiten zu beteiligen, die ihre heutigen
und künftigen Lebensinteressen betreffen.

Im „Eichholzbrief" – benannt nach einer Bildungsstätte der
Konrad-Adenauer-Stiftung nahe Bonn – schrieb Wulff seinerzeit, den Blick in die Zukunft gerichtet: „Politische Parteien müssen ein klares Bild davon haben, wie unsere Welt
nach der Jahrtausendwende aussehen soll, und die Kraft und
den Mut aufbringen, den Menschen notwendige Anpas-
sungsleistungen abzuverlangen. Sie haben die Fähigkeit zur
konzeptionellen Weiterentwicklung zu demonstrieren und
den Bürgerinnen und Bürgern nicht etwas vorzugaukeln, sondern ihnen reinen Wein einzuschenken. Wer sich diesem notwendigen Handeln verweigert, wer höhere Schulden, Steuern
und Abgaben will, wer gleichzeitig neue Technologien ebenso verhindern möchte wie einen geordneten Umbau des So-
zialstaates, der zerstört die Zukunft gerade der jungen Generation. Dies zu vermitteln erfordert enorme Anstrengungen bei der Politikvermittlung in der Mediendemokratie."
Der letzte Teil seiner Aussage enthält im wesentlichen die
Kritik der CDU/CSU an einer grundsätzlich verfehlten, weil
zutiefst widersprüchlichen Politik der Sozialdemokraten im
Verein mit den Grünen: Große rhetorische Aufblähungen für
„mehr Demokratie", auf der anderen Seite die schleichende

Aushöhlung der ökonomischen und technologischen Substanz unserer Gesellschaft. Sie bildet aber die Grundlage dessen, wonach die meisten politischen Schönredner streben. Sie pflegen dabei achtlos das zu vernichten, was sie als Ziel ihrer vermeintlichen Bemühungen benennen.

Christian Wulff über seine Familie

Es gibt den augenfälligen Kontrast zwischen der engagierten, umtriebigen, manchmal hektischen, stets präsenten politischen Arbeit und den eigenen vier Wänden, der Familie, dem Heim in Osnabrück. Dort fühlt sich Christian Wulff geborgen, zu Hause, kann entspannen, eigenen Interessen nachgehen, mit seiner Frau ins Kino oder mit Freunden zum VfL Osnabrück gehen, Nachbarn besuchen oder Nachbarn einladen. Seit über 20 Jahren ist er mit seiner Frau Christiane zusammen, die ein Jahr jünger als er ist. Es war Liebe auf den ersten Blick, und sie war keinen Tag die Frau hinter ihm, sondern mit einem eigenen Leben und eigenen Aktivitäten neben ihm. Er musste stets um ihre Überzeugung werben. Sie dürfte wohl seine schärfste Kritikerin sein, stammt aus sozialdemokratischem bremischen Elternhaus, hatte auch einmal die Schüler-Union in Bremen bei einer Fete aufgesucht und nicht gerade besonders positiv angesprochen, so dass es schon ein bisschen Hemmnisse und Vorurteile zu überwinden galt, als sie nach dem Kennenlernen im April 1982 zu Beginn ihres Studiums im Sommersemester 1982 an der Universität Osnabrück erfuhr, dass es sich um ein Mitglied des Bundesvorstandes der Jungen Union Deutschlands handelte, den sie da privat, persönlich, freundschaftlich kennen ge-

Mit Ehefrau Christiane und Tochter Annalena. Aufnahme von 2001.

lernt hatte. Inzwischen ist sie von Beruf Rechtsanwältin, reitet intensiv Wettkämpfe in der Vielseitigkeit, trainiert Kinder- und Jugendgruppen in Weser-Ems, ist als Elternvertreterin, Schülerlotsin, Katechetin in der Kirchengemeinde zur Vorbereitung auf die Kommunion aktiv, hat ihren eigenen Aktivitätsradius, Freundeskreis und Bestätigungen.

Christian Wulff empfindet es als ausgesprochen angenehm, zu Hause nicht angestachelt, gelobt und bestätigt, sondern gelassen und selbstbewusst behandelt zu werden. Man glaubt ihm, wenn er sagt, dass zu Hause auch durchaus kontrovers über Politik, aber eben auch über viele andere Dinge gesprochen wird, und zwar völlig anders als im sonstigen politischen Alltag.

Es wird Christian Wulff häufig zum Vorwurf gemacht, nicht

in Hannover zu wohnen. An diesem Punkt ist er wirklich starr und eigensinnig. In einem Monat verbringt er über 20 Nächte zu Hause, etwa drei bis vier Nächte in Berlin und etwa fünf bis sechs Nächte in Hannover – und er will partout dort keine Wohnung unterhalten, um weiter möglichst viel, wenn es schon tagsüber in der Regel nicht geht denn doch nachts zu Hause zu sein, um jedenfalls abends noch ein paar Worte wechseln oder morgens ab und an gemeinsam frühstücken zu können. Er motiviert sich damit, dass fünf Minuten intensiven Sprechens und Kuschelns mit seiner Tochter Annalena wertvoller sein können, als wenn der Vater den ganzen Tag zu Hause ist, sich aber nicht wirklich intensiv zuwendet und Zeit nimmt.

Einer seiner Sätze, die aus dem innersten Herzen kommen, ist der, dass in Deutschland über Steuerreform, Rentenreform, Verwaltungsreform und anderes lebhaft gestritten wird, aber genau so intensiv über alle Begriffe mit dem Anfangsbuchstaben Z gestritten werden sollte, wie Zeit, Zuneigung, Zuwendung, Zivilcourage, Zukunft und Zärtlichkeit. Er, der viele Jahre ohne Vater, danach mit einem Stiefvater aufwuchs und dann mit einer erkrankten Mutter häufig auf sich gestellt war, weiß, wie wertvoll ein aufmunterndes Wort und das Zeichen intensiven Interesses im familiären Umfeld sein kann. Da hat er die Etiketten Weichei und Musterschwiegersohn angeheftet bekommen, aber in all den Wochen der Beobachtung durch den Autor war es einfach verblüffend, dass er immer ausgeglichen, freundlich, gelassen und kontrolliert war.

In der Familie und in der Ruhe liegt die Kraft – dies findet man bei Christian Wulff bestätigt, wenn man ihn zu Hause erlebt.

Gut, dass Kinder so etwas nicht an sich heranlassen...

Tochter Annalena (Jahrgang ´93) bildet unausgesprochen den Mittelpunkt der Familie Christian und Christiane Wulff. Dass der Vater nach Studium und Beruf „Jurist" und als Rechtsanwalt in einer Osnabrücker Kanzlei tätig ist, mag der Neunjährigen nach und nach klar geworden sein. Was aber daneben einen „Politiker" eigentlich ausmacht, konnte auch der Papa Annalena nur nach und nach begreiflich machen. Doch ist Christian Wulff sicher, dass seine Tochter „noch rechtzeitig und umfassend begreifen wird, was das heißt".

Im Hause Wulff wird, so oft es dazu Gelegenheit gibt, über Tagesfragen gesprochen, auch und gerade mit dem Kinde. So fragte der Vater Annalena nach den Ereignissen am Gutenberg-Gymnasium von Erfurt, Frühjahr 2002. Die Antwort sei – „für unsere Zeit fast entlarvend" – sachlich, ja nüchtern-präzise ausgefallen: „In Erfurt sind zwei Schüler, 13 Lehrer, eine Sekretärin und ein Polizist erschossen worden; dann hat sich der Schüler selbst erschossen." Wulff: „Das war die Antwort, das hat sie exakt aufgezählt. Die Schüler an erster Stelle, das muss sie – verständlicherweise – am stärksten berührt haben." Des Vaters abschließende Beurteilung fällt ebenso sachbetont aus: „Annalena hat das von Schülern erfahren. Zuvor hatte ein Sponsorenlauf an der Schule stattgefunden; danach rief der Lehrer zu einer Gedenkminute auf. Annalena erkundigte sich bei Mitschülern nach dem Hintergrund. Und dann sind Kinder eben verblüffend in dem was sie aufnehmen, aber auch darin, wie sie es nicht an sich herankommen lassen. Und ich halte es für gut, dass sie das nicht an sich heranlassen."

Reine Pferdebegeisterung...

Schlittenfahren mit der Tochter in den ersten Januartagen

2002. Zu einem Begleiter habe er plötzlich geäußert, es wäre doch wunderbar, wenn Angela Merkel und Edmund Stoiber in den nächsten Tagen mit einem solchen von Pferden gezogenen Schlitten vom sicheren CDU-Törn von Baden-Württemberg nach Bayern hineinfahren und sich dabei über die Kanzlerkandidatur einig würden, um anschließend wieder auf CDU-Törn zurückzukehren. Annalena schien das gar nicht zu behagen. Sie sagte: „Das geht doch gar nicht, die Pferde wollen immer nur von e i n e m Kutscher geführt werden und nicht von zweien."

Kommentar des Vaters: „Das war allerdings Ausdruck reiner Pferdebegeisterung..." Traf aber den Nagel auf den Kopf.

Mit dem Papa in einem Buchladen stöbern...

In der Grundschule über Erlebnisse in den Herbstferien zu erzählen, kann auch für die Lehrerin zum Erlebnis werden. Dem Papa berichtete sie, Annalena habe zugehört, wie ihre Mitschüler zwei Wochen Griechenland-Urlaub mit den Eltern verbracht haben oder bei der Großmutter auf dem Lande waren, Stress und jede Menge Unternehmungen, alles ganz aufregend.

Und dann habe Annalena davon erzählt, dass sie mit ihren Eltern einen Tag mit dem Zug nach Bremen gefahren sei. Man habe dem Papa etwas gekauft, beim Mexikaner mittags etwas gegessen und sei schließlich in eine Buchhandlung gegangen, wo das Töchterchen so richtig in Büchern kramen konnte. Papa sei „den ganzen Tag dabeigewesen", habe Annalena mehrfach einfließen lassen, und auf der Rückfahrt habe man die ganze Zeit „Fragen aus einem Spiel gestellt, um das Nachdenken zu trainieren". Und das sei ihr Ferientag gewesen! Es müsse ihr sehr gefallen haben, so lebhaft habe sie davon er-

Mit Tochter Annalena.

zählt. Die Lehrerin ist davon so angetan gewesen, dass sie die Geschichte den Eltern erzählte.

Ich war der einzige im Hause, der die Mutter tragen konnte
Nein, die Vaterrolle hat er mit kaum 15 Jahren nicht übernehmen können; drei, vier Jahre später vielleicht. Die jüngere Schwester zog nach der Scheidung der Eltern zur älteren Schwester; Christian fuhr die an MS erkrankte Mutter zum Rechtsanwalt, regelte für die kleine Schwester die Dinge in der Schule, ging zum Elternsprechtag, weil ja niemand sonst zur Verfügung stand:
„Multiple Sklerose ist so, dass sie auch die seelische Verfassung stark in Mitleidenschaft zieht, sofern man sich nicht genug dagegen zur Wehr setzt. Meine Mutter schien sich ganz

in die Krankheit zu ergeben, aber es gibt da ganz unterschiedliche Krankheitsverläufe.

Ich hatte bestimmte Regelmäßigkeiten zu beachten. Ich musste mich mittags nach der Schule zu Hause um alles kümmern. Es war dann zudem irgendwann so, dass ich der einzige war, der meine Mutter nachts tragen konnte. Vom Wohnzimmer ins Bett und vom Bett wieder in den Rollstuhl. Das war eine Zeit, in der man sich auf mich verlassen können musste, das heißt, ich musste unbedingt pünktlich sein. Ich habe mich dann abends oft von einer Fete kurzfristig verabschiedet, um schnell nach Hause zu kommen. Ich beklage mich nicht, denn so sehr anders als in einer vielköpfigen Familie, wo jeder seine Pflichten übernehmen muss, war es doch auch wieder nicht...

Manchmal kam es allerdings auch dicke. Ich erinnere mich, dass die Schulsekretärin mich mal ganz aufgeregt aus der Klasse holte; das war, als meine Mutter schon halbseitig gelähmt war. Sie meinte, noch Auto fahren zu können, doch der Arzt hatte es ihr untersagt. Doch die Sekretärin berichtete, Mutter habe angerufen und geweint, ich solle nach Hause kommen. Ich lief zum Taxistand und ließ mich nach Hause fahren. Ein paar hundert Meter vom Haus entfernt kam uns die Mutter entgegen, im Auto! Da habe ich gesagt, wir müssen ganz schnell dem Golf hinterher. Wir stoppten sie, und ich parkte den Wagen an der Straßenseite. Sie hatte zum Arzt gewollt, einem Neurologen, um herauszufinden, was man tun könne, welche Heilungschancen sie noch habe. Sie war sehr niedergeschlagen, ja verzweifelt in jenen Augenblicken."

158

Ein enges Verhältnis zu den beiden Schwestern
Christian Wulff redet nicht sofort von seinen Schwestern, bewundert beide jedoch unverhohlen für das, was sie auf die Beine gestellt haben.

Dass seine jüngere Schwester Natascha Stipendien erhalten und promoviert hat, macht ihn mächtig stolz. Auch seine ältere Schwester Elisabeth, die die jüngere nach Erkrankung der Mutter praktisch aufzog, hat sich nach dem Pädagogik-Studium der Wissenschaft verschrieben. Heute sind beide berufstätige Mütter, vereinbaren Familie und Beruf im klassischen Sinne – und das so versiert, dass es Familienvater Wulff stets aufs Neue beeindruckt.

Wulff extra

Der Jurist und Politiker ist auch Leser von Büchern, welche die Grenzen seines beruflichen Faches und seiner öffentlichen Profession überschreiten. Aus diesen und anderen Quellen stammen die nachfolgenden Zitate; eine kleine Auswahl dessen, was Wulff die ihm „wichtigsten philosophischen Provokationen" nennt. Man muss sie kennen, wenn man ihn ganz verstehen will:

Mühe wird auf Dauer von Erfolg gekrönt.
(Konfuzius)

Was andere meinen auch zu meinen, ist nicht schwer.
Nur immer anders als die anderen meinen, auch nicht sehr.
Weißt Du aus eigener Kraft, mit mutig stillem Wagen
dort ehrlich ja, hier ehrlich nein zu sagen,
gleich ob Dich alle loben oder keiner,
dann bist Du einer.
(Inschrift im Rathaus Ingolstadt)

Deutschland muss wieder lernen, dass nicht Macht, sondern
Geist die Ehre Deutschlands ausmacht.
(CDU-Gründungsaufruf 1945)

Die Grundsätze der tiefen Achtung vor dem Recht sind in allen Republiken unentbehrlich, sie gelten für alle, und man kann von vornherein sagen, dass da, wo sie fehlen, die Republik bald verschwunden sein wird.
(Alexis Clérel de Tocqueville: „Über die Demokratie in Amerika")

Was ich am meisten verabscheue ist die traurige Rolle des Zuschauers, der unbeteiligt tut oder ist. Man soll Zeuge sein, mittun und Verantwortung tragen. Der Mensch ohne mittuende Verantwortung zählt nicht.
(Antoine de Saint-Exupéry)

Du bist zeitlebens verantwortlich für das, was Du Dir vertraut gemacht hast.
(Antoine de Saint-Exupéry)

Man soll alle Tage wenigstens ein kleines Lied hören, ein gutes Gedicht lesen, ein treffliches Gemälde sehen und wenn es möglich zu machen wäre, einige vernünftige Worte sprechen.
(Johann Wolfgang von Goethe)

Je mehr Bürger mit Zivilcourage ein Land hat, desto weniger Helden wird es einmal brauchen.
(Franca Magnani)

Wer gar zu viel bedenkt, wird wenig leisten.
(Friedrich von Schiller)

Was wir heute tun, entscheidet darüber, wie morgen die Welt aussieht!
(Marie von Ebner-Eschenbach)

Moral ist ein knappes Gut.
(Oskar von Nell-Breuning)

Habe ich ohne wichtigen Grund durch Wortmeldungen eine Sitzung verlängert und somit mich und andere von der Familie ferngehalten?
(Bischof Franz Hengsbach)

Das Problem mit Euch ist, dass Ihr vom ‚visuellen Abtasten der Umwelt' redet, wo ich ‚aus dem Fenster gucken' sagen würde...
(Ross Perot)

Charakter zeigt sich darin, wie man sich beim dritten und vierten Anlauf verhält.
(James Michener)

Willst Du Menschen führen, so gehe hinter ihnen her.
(Laotse)

Sie müssen mich schon fragen, nicht sich, wenn Sie mich verstehen wollen.
(Johann Georg Hamann)

Diejenigen, die zu klug sind, um sich in der Politik zu engagieren, werden dadurch bestraft, dass sie von Leuten regiert werden, die dümmer sind als sie selbst.
(Platon)

Erst gegen Mitternacht kommt man dazu, ein paar Gedanken der Familie zu widmen

1. März 2002 – Protokoll eines ganz normalen Tages im Leben eines Kandidaten, und nicht einmal zur Wahlkampfzeit

Osnabrück / 07.00 Uhr
Dieser 1. März stellt sich für Christian Wulff als ein mit Terminen prall gefüllter Werktag wie viele andere dar; mit einer Ausnahme: der Kandidat für das Amt des Ministerpräsidenten befindet sich an diesem regnerisch-stürmischen Vorfrühlingstag auf Tour außerhalb der Landeshauptstadt. Das kommt zwar häufiger vor, doch folgen derlei Tagesabläufe eigenen Gesetzen. Das Ziel an diesem ersten Märztag ist die Universitätsstadt Göttingen.

Sein Fahrer André Gechter chauffiert seinen Chef vom Wohnort Osnabrück in die südniedersächsische Stadt, das sind zweieinhalb Stunden Anreise, was bedeutet, dass Wulff um sechs Uhr aufgestanden ist, um gegen sieben starten zu können und um rechtzeitig zu seiner ersten Begegnung mit Professoren der Universitätsklinik gegen 9.30 Uhr in Göttingen einzutreffen. Am Ziel angelangt, gibt es eine kleine Verzögerung, weil der Fahrer den Verwaltungsbungalow am Rande des Klinikgeländes wegen fehlender Hausnummer erst suchen muss.

Göttingen / 09.45 Uhr
Noch einmal eine Tasse Kaffee am Konferenztisch der Her-

ren vom Vorstand; die reichlich dargebotenen Kekse werden nicht angetastet. Das sachlich geführte Gespräch kreist um Fragen der Selbstverwaltung, einiger Besonderheiten der Göttinger Universitätsgeschichte, des wissenschaftlichen Nachwuchses und einer zeitgemäßen, aktuell wieder einmal heiß umstrittenen Hochschulpolitik.

Nachdem der Oppositionspolitiker mit dem Schwerpunkt Sozial- und Gesundheitsfragen das Gespräch eröffnet hat, hört er ebenso interessiert wie konzentriert zu, selbst wenn die Auskünfte der Herren Professoren zuweilen den Rand des Unwesentlichen beziehungsweise nicht zum Thema Gehörenden streifen.

Wulff hat eine besondere Beziehung zur über die Landesgrenzen hinaus berühmten Uni-Klinik; seine Mutter wurde dort vor langer Zeit wegen ihres MS-Leidens über zwei Jahre hinweg „häufig vorbildlich medizinisch betreut und gepflegt".

Der Sohn erwähnt, dass er unterdessen zum Schirmherrn der Deutschen Multiple-Sklerose-Gesellschaft berufen wurde.

10.30 Uhr
Gegen 10.15 Uhr schaut CDU-Generalsekretär Hartwig Fischer als erster nervös auf die Uhr, da es Zeit wird, das Gespräch zu Ende zu bringen. Um 10.30 Uhr ist die Wulff-Gruppe dann vor dem Haupteingang der Frauenklinik angelangt, wo Prof. Hess die Besucher aus der Landespolitik bereits erwartet; 15 Minuten zu spät zwar, aber immer noch rechtzeitig, um deutlich länger als eine Stunde im Kreise einiger bedeutender Mediziner über Leistungsstrukturen der Klinik im allgemeinen, Landeszuschüsse für medizinische Arbeit im besonderen und einige andere aufregende Fragen zu diskutieren.

Wulff erlaubt sich an einer Stelle der ziemlich theoretischen Erörterung – die für die Professoren freilich viel mehr als eine Pflichtübung gegenüber politischen Instanzen zu sein scheint – die Bemerkung, gerade die 68-er würden heute aus Scham über ihr damaliges chaotisches Verhalten zu den Vorreitern einer Verfestigung hierarchischer und autoritärer Strukturen an deutschen Hochschulen gehören. Wer Studentenvertretung und Interessenvertretung nicht hinbekommen habe, halte dementsprechend nichts davon und sorge nun, wie der niedersächsische Wissenschaftsminister Oppermann, für die generelle Einflusslosigkeit studentischer Interessenvertreter, indem die Hochschulleitung einseitig gestärkt wird.

Die Landtagsabgeordnete Ilse Hansen in Wulffs Begleitung schaltet sich mehrfach in das Gespräch ein und verspricht, in ihrer parlamentarischen Arbeit so weit wie möglich die Göttinger Erkenntnisse zu verarbeiten. Zum Schluss einhellige Klage der am Gespräch beteiligten Mediziner über den „unmöglichen Umgang" des zuständigen Landesressorts in Hannover mit dem Professorenkollegium der Göttinger Universitätskliniken.

Die Uhr zeigt mittlerweile zwanzig Minuten vor Zwölf. Kurzer Abschied, Start mit dem Dienstwagen vor dem Hauptportal. Wulff bittet André Gechter darum, die Fahrtzeit zur nächsten Besuchsstation so einzurichten, dass man protokollgerecht nicht vor dem vereinbarten Termin um 12.00 Uhr eintrifft.

Auf dem Weg zu Sartorius, einem international renommierten Unternehmen der Biotechnologie, erledigt Wulff eilig ein paar Telefonate. Freund Olaf Glaeseker, Parteisprecher und engster Berater des Vorsitzenden, hat dem Chef eine Nachricht auf der Mailbox hinterlassen. Es folgen Anrufe bei Journalisten, die um Auskünfte gebeten haben; dann telefoniert Hartwig Fischer mit der Zentrale in Hannover wegen einer Pressemitteilung, mit der die Landes-CDU die Einwürfe der SPD wegen einer für die Union günstigen Umfrage parieren möchte.

12.00 Uhr
Der Wagen fährt am Sartorius-College vor, einer Fortbildungseinrichtung der Firma; es ist Punkt 12.00 Uhr, ein über das ganze Gesicht strahlender Geschäftsführer, Prof. Utz Claassen, begrüßt den von Hannover angereisten „hohen" Besuch. Danach geht alles wie im Galopp: Unternehmenspräsentation per Lichtbildervortrag. Ein noch entspannt wirkender Christian Wulff nippt an einem Glas Wasser und macht gute Miene zur Erläuterung der Unternehmens-„Philosophie", mit der – wie beinahe jeder kommerzielle Betrieb in Deutschland – auch die ehrgeizige Firma Sartorius ihr erlaubtes, doch eben ganz und gar prosaisches Geschäftsinteresse rhetorisch ein wenig aufpeppen möchte.
Auf Weltgeltung des Unternehmens abgestimmt ist auch der Begrüßungsstil, mit dem Christian Wulff ausdrücklich nicht als Landes-, sondern Bundespolitiker angesprochen wird: Auf der Stirnseite des großzügig-modernen Beratungsraumes mit Panoramafenstern erscheint der Gast als „stellvertretender CDU-Bundesvorsitzender". Man weiß, was man sich im Hause Sartorius schuldig ist; schließlich war vor geraumer Zeit „der Herr Bundeskanzler" zu Gast. Auch die von Professor Claassen vorgetragenen unternehmenspolitischen Ziele lassen an Klarheit nur wenig zu wünschen übrig: „Es ist eigentlich gut, dass es in den letzten Jahren so gelaufen ist, wie es gelaufen ist; es hätte auch anders laufen können, als es nun mal gelau-

168

fen ist." Überzeugend das Argument, dass die Firma rund 400 Millionen Euro Umsatz macht und 3.635 Mitarbeiter beschäftigt, und „dass es kein Land auf der Erde gibt, in dem Sartorius nicht vertreten ist".

Der Rundgang durch die absolut sterile Werkshalle erlaubt gelegentliche Blicke in das Innere der Arbeitsräume, Schutzhauben und entsprechende Schuhverkleidungen vorausgesetzt. Wulff wird bei der „Einkleidung" vor dem obligaten Marsch durch das Allerheiligste des Unternehmens fotografiert. Pressevertreter begleiten uns unterdessen, der Firma aus werblichen Gründen natürlich willkommen. Für das Mittagessen bleibt etwas weniger Zeit als vorgesehen; man reicht gefüllte Hühnerbrüstchen mit Broccoli und Prinzesskartoffeln, als Dessert eine Biskuittorte mit Vanillesoße. Es ist die erste feste Nahrung, die der Ehrengast des Hauses seit dem Frühstück vor 07.00 Uhr zu sich nimmt. Es ist bereits 14.00 Uhr, Zeit für den Aufbruch zum „Göttinger Tageblatt".

Zwischendurch findet eine kleine Beratungsrunde im Wagen des Parteivorsitzenden statt; Meinungsaustausch mit Generalsekretär Fischer über das Programm des Vormittags. Man ist zufrieden, aber bereits mit anderen Dingen beschäftigt, vornehmlich den überraschend nervösen Reaktionen von SPD-Seite auf die EMNID-Umfrage über die derzeitige Stimmung im Lande. Die SPD hat eine eigene Umfrage nachgeschoben (im diesbezüglichen Text der Pressemitteilung heißt es bezeichnenderweise „Unfrage", worüber sich Wulff köstlich amüsiert). Die für die SPD günstigeren Zahlen stammen vom ihr nahestehenden Institut FORSA in Dortmund.

14.30 Uhr
Wir sind am Verlagsgebäude des „Göttinger Tageblatts" an-

gekommen. Das GT grüßt mit der Schlagzeile: „Wechsel-stimmung in Niedersachsen", ein Geschenk für die ankom-mende CDU-Truppe, die sich ohne Verzug unter Führung von Chefredakteur Bernd Hilder in einen Konferenzraum be-gibt, wo man in eine Diskussion mit der Redaktion eintritt – Hilder kommentierte die demoskopischen Ergebnisse vom Vortag in einem Leitartikel wie folgt:

„Meinungsumfragen sind nur Momentaufnahmen von Stim-mungen, und die können bekanntlich in kurzen Zeitabstän-den kräftig schwanken. Aber mit Sicherheit kommt jetzt Bri-sanz in die oft dröge niedersächsische Politik: Die Umfrageergebnisse von Emnid signalisieren Wechselstim-mung beim Wahlvolk. Ein Jahr vor der Landtagswahl muss die allein regierende SPD fürchten, ihre absolute Mehrheit im hannoverschen Landtag zu verlieren – oder sogar die gan-ze Macht."

Das Gespräch mit den Redakteuren verläuft in ruhigen Bah-nen; Journalisten sind von Berufs wegen Zuhörer, keine Red-ner. Wulff stellt richtig, dass er nicht dem so genannten „Stoi-ber-Team" angehört, das für Ministerposten zusammen-gestellt wird, sondern dem Team 40 Plus, das operationelle Aufgaben zu lösen hat und eine „politische" Beratergruppe darstellt. Er selbst stehe seitens des Präsidiums der CDU dem Kanzlerkandidaten als Berater in sozial- und gesundheitspo-litischen Fragen zur Verfügung. Er bekräftigt bei dieser Ge-legenheit seine Überzeugung, dass für die nächsten 30 Jahre Gesundheit, Wellness und Freizeit die mit Abstand größte Beschäftigungsdynamik entwickeln würden. Schon jetzt rechne man mit Jahresumsätzen von über 500 Milliarden Euro.

(Tags darauf eine über sechs Zeitungsspalten reichende

170

freundliche Berichterstattung über das Redaktionsgespräch beim GT. Die Bildlegende unter einem Foto von Wulff besteht in einem Zitat des Redaktionsgastes: „Schulreformpläne der SPD sind unverantwortlich". Wulff hatte vor den GT-Redakteuren angekündigt, eine Landesregierung unter seiner Führung werde 2.500 Lehrer neu einstellen, um die versprochene Unterrichtsgarantie auf festen Boden zu stellen.)

15.40 Uhr
Vor der Verabschiedung gibt Wulff dem Anzeigenblatt „Blick", das beim GT-Verlag herauskommt, ein Interview. Der „Blick"-Redakteur hat als Bürgermeister einer 900-Seelen-Gemeinde und eifriger Förderer kinderreicher Familien landesweit von sich reden gemacht, indem er den Eltern des „nächstgeborenen" Kindes im Dorf Geld- und Sachspenden zusicherte.

15.45 Uhr
Der vorgesehene Fototermin bei Oberbürgermeister Jürgen Danielowski (CDU) wird kurzfristig abgesagt, weil die Zeit inzwischen zu knapp geworden ist; dafür soll der erste Mann der Stadt abends beim Gespräch mit den Handwerksmeistern mit auf dem Podium sitzen. Danielowski ist einverstanden.

16.10 Uhr
Wulff benötigt eine kurze Verschnaufpause, die er für einige Telefongespräche nutzen möchte.

17.00 Uhr
Wulff trifft im Kreishaus mit Kommunalpolitikern des Land-

kreises Göttingen zusammen, darunter Bürgermeister, Land-räte und offizielle Vertreter von Handwerkerinnungen. Kein einfaches Publikum, doch immerhin ein Gespräch unter Parteifreunden, die aber in vielen Fragen kommunaler Sachentscheidungen durchaus unterschiedliche Auffassungen vertreten. Wulff macht eine Eröffnung, die seine in allem überlegene Argumentationsweise erkennen lässt. Seine Ausführungen vermeiden jeglichen Anschein, er wolle jemanden belehren, allenfalls bietet er behutsam Überlegungen an, über die man noch einmal reden müsse. Er spricht vielleicht eine knappe halbe Stunde völlig frei, hat aber einen Stapel Papier vor sich liegen, aus dem er gelegentlich ein Blatt hervorzieht, dem er eine Zahl oder eine bestimmte Formulierung entnimmt. Da die Sitzung nicht öffentlich ist, kann man alle Streitfragen ungehemmt erörtern, darunter das heiß umstrittene Thema Gewerbesteuer. Einer möchte diese Steuerart „ersatzlos" streichen, weil sie mehr bürokratischen Aufwand erfordert als sie den Gemeinden Nutzen stiftet. Andere wollen sie gar noch „ausbauen" oder für ihren möglichen Wegfall wenigstens Ersatz finden.

Zwischendurch trägt ein Parteifreund ein Tablett mit belegten Broten herein. Es ist eigentlich Zeit für einen abendlichen Happen, doch die nächste Veranstaltung lauert bereits im Tageskalender. Das einzige, was Wulff zwischen dem Gespräch mit den Kommunalpolitikern und seinem Auftritt vor der Göttinger CDU (ab 19.00 Uhr) zu essen bekommt, sind zwei dieser Kanapees.

18.40 Uhr
Das Gespräch ist beendet, respektive dafür erklärt. Die Teilnehmer verlassen das Kreishaus, um sich ins Hotel Clarion

zu begeben, wo man sich ab 19.00 Uhr wiedersehen wird. Was als Begegnung zwischen dem Landesvorsitzenden und einigen Vertretern des Handwerks im Bezirk Göttingen geplant war, weitet sich zu einer Veranstaltung des örtlichen CDU-Mittelstandes mit Kundgebungscharakter aus.

19.00 Uhr
Wenige Minuten nach 19.00 Uhr lässt sich nur noch mit Mühe ein unbesetzter Platz im Ballsaal des Hotels Clarion finden. Auf dem Podium neben Wulff Göttingens Oberbürgermeister Danielowski, Hartwig Fischer, Wulff und Hans Holzapfel von der Kreishandwerkerschaft. Wulff hätte sich lieber mit einer kleinen Schar von Handwerksmeistern über die aktuelle Situation unterhalten; allein der Bundestagskandidat Fischer wollte sich die Chance zur Profilierung an der Seite seines Landesvorsitzenden – verständlicherweise – nicht entgehen lassen. Wir befinden uns in Südniedersachsen, von dem der CDU-Landeschef in seiner Rede sagt, es dürfe „nicht zum Armenhaus Deutschlands oder auch nur Niedersachsens herabsinken". Man müsse sich jetzt „auf die Chancen besinnen und diese betonen". Überhaupt ist der Redner um Seelenmassage jener CDU-Leute bemüht, die mit Fleiß Nabelschau betreiben... Elf mal klatscht das Saalpublikum Beifall; für eine zwölf Minuten lange Eröffnungsrede reichlich Zuspruch. Die Veranstaltung wird erst gegen 21.30 Uhr beendet, und dann dauert es noch einmal eine Viertelstunde, bis sich Wulff zurückziehen kann.

22.30 Uhr
Spätabends im Hotel des Autors zur Entspannung noch ein Dämmerschluck. Halt: Wulff trinkt einen Tee, sein Fahrer

Wasser. Für einen Augenblick wandern Wulffs Gedanken nach Hause: Es sei doch immer wieder das gleiche Spiel, „erst gegen Mitternacht kommt man dazu, der Familie ein paar Gedanken zu widmen".

Er ist froh, bald daheim zu sein. Sein Fahrer wird mehr als zwei Stunden benötigen, um aus diesem frommen Wunsch Wirklichkeit werden zu lassen. Politikerschicksal.

Christian Wulff: Texte und Reden

Eine Auswahl

Arbeit für alle, Chancen für alle
Beschluss des CDU-Bundesvorstandes vom 15. Januar 2001,
Vorlage: Christian Wulff

Arbeitsmarktentwicklung: Trotz Wachstum kaum Fortschritte

1. Die Lage auf dem Arbeitsmarkt ist und bleibt bedrückend. 5,4 Millionen Menschen waren Ende 2000 offen oder verdeckt arbeitslos, über 3,8 Millionen von ihnen sind bei den Arbeitsämtern registriert. In vielen anderen Industrieländern ist die Arbeitslosigkeit bedeutend niedriger. Unternehmen klagen andererseits zunehmend über einen Mangel an Arbeitskräften in bestimmten Branchen.
2. Trotz Wachstumsraten von 2,5 bis 3 % gab es zu keinem anderen Zeitpunkt in der Wirtschaftsgeschichte unseres Landes im Gefolge eines Wirtschaftsaufschwungs einen derart schwachen Zuwachs an neuen Arbeitsplätzen. Niemals zuvor verlief ein Beschäftigungsaufschwung so stockend, niemals zuvor ging ein Aufschwung an einer so großen Zahl von Menschen vorbei, die einen Arbeitsplatz suchen. Verglichen mit der Arbeitsmarktentwicklung in fast allen anderen Industrieländern nimmt Deutschland den letzten Platz ein.
3. Die Bundesregierung reklamiert für sich eine Verbesserung der Arbeitsmarktsituation, die in Wirklichkeit überwiegend auf statistische Tricksereien und demographische Entlastungseffekte zurückgeht.
Die Arbeitslosenzahlen sinken nur zu einem Teil konjunkturbedingt. Tatsächlich kommen die Entlastungen vor allem deswegen zustande, weil zunehmend mehr Arbeitslose ins Rentenalter kommen und aus der Statistik ausscheiden.
Auch der behauptete Arbeitsplatzboom geht zu einem gro-

ßen Teil auf die erstmalige Einbeziehung der 630 DM-Jobs in die Erwerbstätigenstatistik zurück.

4. Nie zuvor war der Arbeitsmarkt in Deutschland so tief gespalten. Die konjunkturelle Belebung kommt nahezu ausschließlich den alten Ländern zugute. Während die Arbeitslosigkeit in den alten Bundesländern zurückging, hat sie im abgelaufenen Jahr in Ostdeutschland noch weiter zugenommen. Die Arbeitslosigkeit in Ostdeutschland liegt auf Rekordniveau, sie verfestigt sich zusehends. Rund 2,3 Millionen Menschen sind offen oder verdeckt arbeitslos.

Obwohl der Bundeskanzler den Aufbau Ost zur Chefsache erklärt hat, geht die Beschäftigung in den neuen Ländern weiter zurück. Zu keinem Zeitpunkt seit der Wiedervereinigung hatten in Ostdeutschland weniger Menschen einen Arbeitsplatz. Dies alles legt die Vermutung nahe, dass die Bundesregierung vor den Arbeitsmarktproblemen in Ostdeutschland kapituliert hat.

5. Die Effektivität der von der Bundesregierung mit massivem Mitteleinsatz betriebenen aktiven Arbeitsmarktpolitik stößt vor allem in Ostdeutschland, wo die strukturellen Probleme des Arbeitsmarktes besonders groß sind, an ihre Grenzen. Untersuchungen zeigen, dass die herkömmlichen Arbeitsbeschaffungs- und Weiterbildungsmaßnahmen die Chancen auf Wiedereingliederung in den ersten Arbeitsmarkt für viele Teilnehmer mittlerweile nicht mehr verbessern, sondern im Gegenteil verschlechtern.

6. Nahezu vier von zehn Arbeitslosen gelten heute als Langzeitarbeitslose. Die Dauer der Arbeitslosigkeit für die Betroffenen nimmt zu. In keinem anderen Industrieland ist die Zahl der Langzeitarbeitslosen so hoch. Die strukturelle Verhärtung der Arbeitslosigkeit hat mittlerweile eine Dimension

erreicht, die die Stabilität unseres gesellschaftlichen Zusammenlebens insgesamt bedroht.

7. Auch das Herzstück rot-grüner Arbeitsmarktpolitik, das sog. „Sofortprogramm" zur Bekämpfung der Jugendarbeitslosigkeit, ist gescheitert. Jugendliche werden in „Maßnahmen" von mitunter zweifelhafter Qualität vermittelt. Die Mehrzahl von ihnen steht nach Abschluss der Maßnahme wieder auf der Straße. Ende vergangenen Jahres musste die Bundesregierung eingestehen, dass sich beim Abbau der Jugendarbeitslosigkeit nichts getan hat – die Jugendarbeitslosigkeit stagniert auf hohem Niveau.

8. Trotz millionenfacher Arbeitslosigkeit häufen sich die Meldungen über Arbeitskräfteknappheit. Zahlreiche Unternehmen klagen über offene Stellen für Hoch- und Geringqualifizierte, die nicht besetzt werden können. Viele Unternehmen scheuen aber auch die Einstellung neuer Arbeitskräfte – insbesondere älterer Arbeitnehmer – und fahren stattdessen Überstunden. Aus diesen Gründen steigt trotz millionenfacher Arbeitslosigkeit die Zahl der geleisteten Überstunden auf ein seit Jahren nicht mehr gekanntes Rekordniveau. Gleichzeitig steht unser Land vor der Herausforderung, die großen Chancen der „Neuen Ökonomie" und der Globalisierung der Märkte für den Arbeitsmarkt zu nutzen. Die Bundesregierung versagt vor diesen Herausforderungen. Die Wirtschafts- und Sozialpolitik tut exakt das Gegenteil dessen, was angesichts der Anpassungserfordernisse auf dem Arbeitsmarkt erforderlich ist. Was die Fähigkeit zu einer erfolgreichen Beschäftigungspolitik anbelangt, ist Deutschland in den vergangenen zwei Jahren hinter die meisten anderen Industrieländer zurückgefallen. Deutschland bleibt unter Rot-Grün weit unter seinen Möglichkeiten. Nicht wegen, son-

dern trotz der Politik der Bundesregierung konnte sich die Arbeitslosigkeit bisher zurückbilden.

Dirigismus und Bürokratie – die Antwort der Bundesregierung

Wichtige Reformen der unionsgeführten Bundesregierung für eine beschäftigungswirksame Ausgestaltung des Arbeitsrechts wurden sogleich nach Regierungsantritt von Rot-Grün wieder rückgängig gemacht. Stattdessen setzt die rot-grüne Bundesregierung auf dirigistische Maßnahmen, die soziale Sicherheit zwar vorgaukeln, in Wirklichkeit aber Beschäftigungschancen vernichten, die unternehmerischen Handlungsspielraum einengen und das individuelle Entfaltungsbedürfnis der Arbeitnehmer ignorieren.

Die Bundesregierung hat in den letzten Jahren ständig neue Mauern errichtet, die sich für viele Menschen, die über lange Zeit Arbeit suchen, zunehmend als unüberwindbar erweisen.

- Die Abschaffung der praxisnahen Regelungen zur Sozialauswahl bei betriebsbedingten unvermeidbaren Kündigungen ist eine Misstrauenserklärung gegenüber den beteiligten Betriebsräten und behindert die Einrichtung neuer Arbeitsplätze vor allem bei kleinen und mittleren Unternehmen.
- Die Gesetzgebung zur sogenannten Scheinselbständigkeit unterläuft alle bisherigen Bemühungen um mehr Existenzgründungen.
- Die Neuregelung der 630 DM-Jobs hat zu mehr Bürokratie geführt, neue Ungerechtigkeiten geschaffen, die Spielräume vor allem von Kleinbetrieben eingeengt und Ar-

180

beitnehmer mit niedrigen Einkommen hart bestraft.

- Die Einschränkungen bei den befristeten Beschäftigungs-verhältnissen sind praxisfern, behindern die unternehme-rische Flexibilität und verhindern zusätzliche Arbeits-plätze.
- Der pauschale Rechtsanspruch auf Teilzeit stellt vor al-lem kleine und mittlere Betriebe vor zum Teil unlösbare Probleme. Er wird zu einem „Einstellungsverhinderungs-programm" vor allem für die Problemgruppen des Ar-beitsmarktes.
- Wir brauchen zur Weiterentwicklung der betrieblichen Mitbestimmung eine Modernisierung und Flexibilisierung des Betriebsverfassungsgesetzes und nicht mehr dirigisti-sche Eingriffe in die Betriebsabläufe. Den Gesetzentwurf der Bundesregierung lehnen wir ab. Dieser steht den Er-fordernissen der betrieblichen Wirklichkeit entgegen und beschneidet den unternehmerischen Handlungsspielraum zu Lasten von mehr Beschäftigung

Die von Rot-Grün vollzogene Rück-Regulierung steht im di-rekten Gegensatz zu dem Rat der nationalen und internatio-nalen Experten. Nach Auffassung des Sachverständigenrates in der Bundesrepublik Deutschland zerstören die Maßnah-men der Schröder-Regierung die Chancen auf neue Arbeits-plätze.

Mehr Beschäftigung durch eine neue Balance zwischen Schutz und Chance

Der Arbeitsmarkt muss aus seiner Überregulierung befreit werden. Wir brauchen leistungsfähige Arbeitsmärkte. Die Chancen auf Arbeit für alle zu nutzen – dies ist entscheidend für unser Verständnis von sozialer Gerechtigkeit. Denn Arbeit ist Teilhabe.

Wir stellen fest, dass durch technischen Fortschritt in der Produktion einfache Arbeitsplätze verloren gehen, während für personale und haushaltsbezogene Dienstleistungen der Bedarf wächst. Am Arbeitsmarkt spiegelt sich dieser Bedarf nicht wieder, weil die in Frage kommenden Arbeitsplätze nicht angeboten werden und vielfach auf seiten der Arbeitnehmer auch keine Anreize bestehen, diese Arbeitsplätze anzunehmen. Dies, obwohl der Bedarf an Dienstleistungen ständig wächst, auf der anderen Seite aber unter den Erwerbspersonen ohne abgeschlossene Berufsausbildung mittlerweile jeder Vierte in den alten Bundesländern und sogar jeder Zweite in den neuen Ländern ohne Arbeitsplatz ist. Wir müssen die Funktionsfähigkeit unseres Arbeitsmarktes wieder herstellen. Deswegen brauchen wir mehr Durchlässigkeit zwischen den Systemen staatlicher Absicherung und den Arbeitsmärkten, mit Anreizfunktionen und wirkungsvollen Hilfen zur Arbeitsaufnahme

Technologischer Fortschritt und Globalisierung erzeugen eine neue Arbeitswelt mit neuen flexiblen Arbeitszeit- und Vergütungsmodellen. In der „New Economy" setzt sich mit den Informations- und Kommunikationstechnologien eine innovative Querschnittstechnologie durch, die die Arbeitswelt in vielen Bereichen grundlegend verändern wird. Arbeitnehmer werden in ihren Betrieben selbständiger und eigenverantwortlicher arbeiten. Die Arbeitsbeziehungen werden flexibler und die Entfaltungsmöglichkeiten des Einzelnen größer. Das Verhältnis zwischen Arbeitgebern und Arbeitnehmern wird vor diesem Hintergrund in wachsendem Maße von Partnerschaft geprägt sein müssen.

182

Ein modernes Arbeits- und Tarifrecht - 8 Schritte zu mehr Arbeitsplätzen

Das Arbeits-, Tarif- und Sozialrecht darf diese offenen Entwicklungen nicht aufhalten, sondern muss den Schutzgedanken stärker mit dem Chancengedanken verknüpfen. Für uns steht der Mensch im Mittelpunkt. Deswegen wollen wir den individuellen Bedürtnissen, den unterschiedlichen Prioritäten und Sicherheitsinteressen des Arbeitnehmers stärker Rechnung tragen. Flexibilität und Sicherheit stehen nicht nur in einem Spannungsverhältnis, sie bedingen einander. Nur bei genügend Flexibilität kann auf Dauer Beschäftigung gesichert und soziale Sicherheit gewährleistet werden. Deswegen wollen wir die Flexibilisierungsinstrurnente des Arbeitsmarktes ausbauen.

1. Der Tarifvertrag der Zukunft soll sich stärker auf seine ursprünglichen Kernbereiche wie Entgelt (Festlegung eines Grundentgelts sowie eines Rahmens für ertrags- und leistungsabhängige Verdienstbestandteile) und Arbeitszeitrahmen konzentrieren und sich neuen Herausforderungen stellen. Er soll ökonomische und soziale Bedingungen beschreiben, die der Betriebsebene Raum für dezentrale Lösungen lassen.

2. Das Günstigkeitsprinzip soll weiter ausgelegt werden. Es sollte dem Arbeitnehmer künftig eingeräumt werden, neben Lohn und Arbeitszeit auch die Beschäftigungsaussichten zu berücksichtigen. Wenn der Betriebsrat mit qualifizierter Mehrheit für eine bestimmte Lösung im Unternehmen ein positives Votum abgibt, sollte dies als Vermutung für eine günstigere Regelung gelten. Den Tarifparteien muss zur Sicherung der Tarifautonomie ein begründetes Vetorecht bleiben.

3. Wir wollen die Gestaltung der Arbeitszeit stärker als bisher dem Einzelnen überlassen. Dazu ist ein Rahmen von Arbeitszeitkonten, Jahresarbeitszeiten sowie Langzeit- und Lebensarbeitszeiten festzulegen, damit Arbeit, Freizeit, Familientätigkeit und Weiterbilclung besser miteinander kombiniert werden können. Deswegen müssen die steuerund sozialversicherungsrechtlichen Rahmenbedingungen so angepasst werden, dass Arbeitszeitguthaben mittel- und langfristig angespart, gegen Insolvenz geschützt und z.B. für Zeiten der Qualifizierung oder zum Ausbau einer kapitalgedeckten Alterssicherung eingesetzt werden können.

4. Die betriebliche Mitbestimmung muss in der internationalen Wirtschafts- und Arbeitswelt handhabbar bleiben. Eine Änderung des Betriebsverfassungsgesetzes von 1972 muss daher die Veränderungen der Arbeitswelt und damit auch der betrieblichen Praxis aufnehmen. Sie hat die Balance zwischen der betrieblichen Interessenvertretung der Arbeitnehmerschaft und der unternehmerischen Entscheidungsfreiheit zu halten.

Flexible Regelungen unter Mitwirkung aller Beteiligten haben sich in der Vergangenheit als erfolgreich erwiesen, sie gilt es zu fördern. Daher sollten von einer Modernisierung des Betriebsverfassungsgesetzes praxisnahe Lösungen der Beschäftigungsfragen auf Betriebsebene ausgehen, ohne dass tarifvertragliche Regelungen ausgehöhlt werden. Die Betriebsparteien sollen mehr Handlungsspielraum erhalten, um betriebsnahe und auf die Belange der dort beschäftigten Arbeitnehmer zugeschnittene Lösungen zu ermöglichen.

5. Das Kündigungsschutzrecht soll die Interessen der Be-

schäftigten schützen und dabei die Schaffung zukunfts-
trächtiger Arbeitsplätze nicht gefährden. Wir wollen eine
sachgerechte Balance zwischen sozialer Sicherung und flexibler Anpassung, zwischen den Interessen der Arbeits-
platzbesitzer und der Arbeitsuchenden.

Deswegen befürworten wir die Einführung eines Op-
tionsrechts, wonach Arbeitgeber und Arbeitnehmer Ab-
findungsregeln im Gegenzug für einen Verzicht auf Kün-
digungsschutzklagen vereinbaren können. Dessen
Mindest- höhe sollte gesetzlich geregelt werden. Ein so
ausgestaltetes Optionsmodell würde die materiellen Interessen des Arbeitnehmers wahren und den Arbeitgebern
Rechtssicherheit und Kalkulierbarkeit für den Kündi-
gungsfall bieten. Damit würden die Einstellungschancen
vor allem von älteren Langzeitarbeitslosen verbessert.

6. Die ursprüngliche Regelung im Beschäftigungsförde-
rungsgesetz zur Befristung eines Arbeitsvertrages hat sich
positiv auf den Arbeitsmarkt ausgewirkt. Die von der
Bundesregierung vorgenommenen Einschränkungen lehnen wir ab. Neu gegründete Unternehmen sollten die Möglichkeit erhalten, die Regelung auf vier Jahre auszudehnen. Für Arbeitnehmer ab 55 Jahren sollten befristete
Beschäftigungsverhältnisse ohne jede Einschränkung
möglich sein.

7. Die enormen Beschäftigungspotentiale der Zeitarbeit
müssen weiter erschlossen werden, die bisherigen Be-
schränkungen sind nicht mehr gerechtfertigt. Deshalb wollen wir im Arbeitnehmerüberlassungsgesetz die maxima-
le Verweildauer von 12 auf 36 Monate erweitern, das
Synchronisations- und Wiedereinstellungsverbot aufhe-
ben und die Regeln für befristete Arbeitsverträge im Be-

schäftigungsförderungsgesetz für die Zeitarbeit öffnen. Wir appellieren an die Gewerkschaften, auch mit den Unternehmen für Zeitarbeit Tarifverträge abzuschließen.

8. Die überbürokratisierten und beschäftigungsfeindlichen Regelungen der jetzigen Bundesregierung im Bereich der geringfügigen Beschäftigungsverhältnisse gehen in die falsche Richtung. Wir brauchen Möglichkeiten für flexible und kleine Beschäftigungsverhältnisse ohne bzw. mit nur eingeschränkter Sozialversicherungspflicht und ohne viel Bürokratismus. Daher wollen wir prüfen, ob stärkere Beschäftigungsimpulse bei den privaten Dienstleistungen auch dadurch erzielbar sind, indem Sozialabgaben mit Freibeträgen und einem langsamen Anstieg entsprechend der Systematik der Einkommensteuer nach der Höhe gestaffelt werden.

Neue Chancen für Hilfebezieher

Unser Sozialhilfesystem räumt dem Fürsorgeprinzip immer noch größere Bedeutung ein als Anreizen zur Arbeitsaufnahme. Anstatt Brücken zu bauen in ein eigenverantwortliches Leben, führt diese Schräglage dazu, dass viele Menschen in einer lebenslangen Abhängigkeit vom Staat bleiben. Gerade bei Familien mit Kindern, die Sozialhilfe beziehen, ist der Abstand zu niedrigen Tariflöhnen so gering, dass sich die Aufnahme von regulärer Arbeit kaum lohnt.

Die Stabilität unseres Sozialsystems aber wird von Leistung und Gegenleistung getragen. Diese Einsicht muss immer wieder gestärkt werden. Wer seinen Lebensunterhalt ganz oder teilweise von der Solidargemeinschaft erhält, muss im Rahmen seiner Möglichkeiten einen Beitrag für die Gemeinschaft erbringen. Dabei lassen wir uns von dem Grundsatz leiten, dass derjenige, der arbeitet, mehr verdienen muss, als wenn er nicht arbeitet.

1. Deswegen wollen wir in einem ersten Schritt eine Reform der Transfersysteme. Erste Voraussetzung ist eine verbesserte Zusammenarbeit von Arbeits- und Sozialämtern und die Zusammenführung von Arbeitslosen- und Sozialhilfe.

2. Wer eine unterstützende Fürsorgeleistung erhält, sollte, soweit ihm dies möglich ist, seine eigenen Kräfte zur Überwindung der Hilfebedürftigkeit einsetzen. Diesem Prinzip wollen wir bei allen fürsorgeorientierten Sozialleistungen wieder mehr Geltung verschaffen. Wer arbeiten kann, aber eine annehmbare Arbeit verweigert, dem muss die Unterstützungsleistung gekürzt werden.

Ein Kombilohn-Konzept für mehr Beschäftigung

Die Bundesregierung versagt bei der Förderung von Arbeitsplätzen für Langzeitarbeitslose und geringer Qualifizierte auf ganzer Linie. Die entsprechende Ankündigung noch aus der Koalitionsvereinbarung klingt heute wie Hohn. Statt zu entscheiden, nahm Schröder das Thema Mitte 1999 für die nächsten fünf Jahre von der Tagesordnung und kündigte stattdessen Modellversuche an. Modellversuche mit Kombilohnmodellen gibt es allerdings auf Landes- und kommunaler Ebene schon seit Jahren. Die Bundesregierung hat diesen Modellversuchen nur noch einen weiteren hinzugefügt, weil sie den Konflikt mit den Gewerkschaften scheut. Da bei Geringqualifizierten die an der Produktivität gemessenen Einkommen oft nur knapp über und ggf. sogar unter den staatlichen Transfereinkommen liegen, wollen wir das

Arbeitseinkommen um staatliche Transfers zu einem „Kombi-Einkommen" ergänzen, damit ein wirklicher Anreiz zur Aufnahme einer Erwerbstätigkeit vorhanden ist. Wir halten die direkte Unterstützung des Arbeitnehmers für wirkungsvoller als Lohnkostenzuschüsse und Subventionen für die Arbeitgeber. Nur auf diese Weise besteht die Chance auf einen echten Markt im unteren Lohnsegment, der „working poor" verhindert und Wettbewerbsverzerrungen vermeidet. Modellversuche hat es genug gegeben, die Ergebnisse liegen vor – jetzt muss endlich gehandelt werden.

Vor allem in den neuen Ländern stellt sich die Aufgabe, neue Wege in der Arbeitsmarktpolitik zu beschreiten. Das bisherige Instrumentarium erweist sich zunehmend als unzureichend, ohne dass die Bundesregierung etwas tut. Unser Kombilohn-Konzept würde vielen Erwerbslosen wieder eine Beschäftigungschance geben, den Abwanderungstendenzen entgegenwirken und den weiteren Aufbau eines Dienstleistungssektors, der den Aufholprozess im Verarbeitenden Gewerbe unterstützt, in besonderer Weise fördern. Hier sind die Defizite gegenüber den alten Bundesländern nach wie vor gravierend

Der rasante Wandel unserer Arbeitsweit erfordert eine Politik, die die Menschen zum Wandel befähigt und ermutigt, eine Politik, die sie mitnimmt. Andere Länder zeigen uns: es gibt kein Naturgesetz, wonach Arbeitslosigkeit dauerhaft hoch sein muss. Wenn es gelingt, die Weichen richtig zu stellen, ist die Rückkehr zur Vollbeschäftigung möglich. Einen Königsweg zur Vollbeschäftigung gibt es nicht. Nur mit einem Mix an Maßnahmen können wir die unterschiedlichen Ursachen von Arbeitslosigkeit wirksam bekämpfen.

Politische Kultur in Deutschland

Der niedersächsische „Billard Club von 1696" ist eine in Deutschland einzigartige Institution, die – wie bereits die Jahreszahl ausweist – im feudalen Zeitalter gegründet wurde, aber noch heute eine nach politischer Einstellung ebenso vornehme wie freisinnige Mitgliedschaft pflegt. Nur: Bei den Zusammenkünften der Club-Mitglieder wurde niemals der grüne Tisch zum Spiel bemüht, sondern ausschließlich politisiert. Das „Billard" diente der Tarnung gegenüber den bei diesen Treffen unerwünschten Autoritäten...

Christian Wulff wurde bei einem Herrenessen anläßlich des Geburtstages S. K. H. Prinz Ernst-August zu Hannover Herzog zu Braunschweig und Lüneburg im Jahre 2001 zu einem After-Dinner-Speach gebeten. Dem Anlass und Rahmen gemäß äußerte Wulff einige grundsätzliche Gedanken zur „politischen Kultur in Deutschland":

Sind wir nicht allzu oft in der Gefahr zu vergessen, dass Politik mehr ist als aktuelle Problembewältigung und technische Administration? Verlieren wir uns nicht allzu oft in Einzelfragen, anstatt den Blick für das Ganze zu schärfen?

Ich meine, zu einer verantwortlichen Politik gehört Beides: Handlung und Besinnung, Pragmatismus und Nachdenklichkeit, übrigens auch: Reden und Zuhörenkönnen.

Ich glaube, wir haben hier durchaus Nachholbedarf. Denn meine These ist, dass wir uns in unserer politischen Diskussion zu sehr auf Details, vielleicht sogar durchweg auf das eher Unwesentliche konzentrieren, statt die große Linie in den Blick zu nehmen.

Als Beispiel nenne ich die Europa-Politik. Sie hat in den vergangenen zwanzig Jahren die Vision eines geeinten Europa für alle Europäer wesentliche Schritte näher gebracht. Wer hätte nach dem Krieg geglaubt, dass führende europäische Länder ab 2002 eine gemeinsame Währung haben? Dennoch ist Europa heute ein Thema, das für viele eher negativ besetzt ist.

Dasselbe Phänomen können wir bei den wichtigen politischen Reformprojekten beobachten, bei den Debatten um die Gesundheitsreform, die Sicherung der Renten, die Neuregelung unseres Steuersystems oder die Sanierung der öffentlichen Haushalte.

Wir beschäftigen uns damit, ob die Zuzahlung zu Medikamenten um eine Mark höher oder eine Mark niedriger ausfallen soll. Viel wichtiger wäre es darüber zu sprechen, wie wir das System insgesamt finanzierbar halten können, inwieweit wir mehr Eigenverantwortung in das System integrieren, um so die eigentlichen Risiken besser absichern zu können.

Und so gerät auch die Frage aus dem Blick, wie wir den Staat auf den Kern seiner Aufgaben zurückführen können, wie wir die Freiheit der Bürger in solidarischer Verantwortung für ihr eigenes und das Wohlergehen ihrer Mitbürger stärken können.

Aber bei uns funktioniert das in der Regel nach folgendem Schema: Ein Politiker macht einen klugen Vorschlag. Sogleich – quasi reflexartig – fallen die Interessengruppen, die konkurrierenden Parteien sowieso, wenn nicht sogar Leute aus den eigenen Reihen, über den Politiker her und zerreißen seinen Vorschlag. Sehr schnell geht dann im öffentlichen Schlagabtausch verloren, weshalb der Vorschlag überhaupt gemacht wurde. Ja, manchmal hat man sogar den Eindruck, vor lauter Aufgeregtheit gerät in Vergessenheit, w a s eigentlich vorgeschlagen wurde.

In solch einer Atmosphäre ist es dann schwer, sachlich zu diskutieren. Und noch schwerer ist es, politische Pläne zu realisieren. Wie lange haben wir beispielsweise gebraucht, eine Neuregelung des Asylverfahrens durchzusetzen? Wie lange hat es gedauert, bis die Pflegeversicherung eingeführt werden konnte? Die Vorhaben einer durchgreifenden Reform des öffentlichen Dienstrechts und der Verwaltung scheinen in Deutschland offenbar unmöglich zu sein.

Hinzu kommt: Das Interesse an Personalfragen ist für gewöhnlich sehr viel größer als das an Sachfragen. Ich will niemandem die Schuld daran zuschieben, nicht den Medien, nicht den Parteien, nicht den Politikern, und schon gar nicht den Adressaten und Konsumenten, also den Bürgerinnen und Bürgern. Ich stelle dies nur fest, und frage: Liegt die Konzentration auf das eher Unwesentliche vielleicht daran, dass uns die großen Themen abhanden gekommen sind?

Richtig ist zwar: Wir haben Europa weit vorangebracht. Der Eiserne Vorhang ist zerrissen. Wir haben das Ziel der Einheit Deutschlands erreicht. Wir haben geschafft, was vor zwölf, dreizehn Jahren vielen noch undenkbar erschien: Frieden zu schaffen mit weniger Waffen.

Dennoch kann nicht davon die Rede sein, dass es keine großen Themen mehr gibt:

Die Rückführung des Staates auf seine zentralen Aufgaben. Die Fortsetzung des europäischen Einigungswerks nach Osten. Die Entwicklung einer europäischen Sicherheitsarchitektur. Die Bewältigung der Probleme, die mit der demografischen Entwicklung hierzulande, aber auch weltweit in Zusammenhang stehen. Der globale Schutz unserer ökolo-

191

gischen Grundlagen. Der Schutz der menschlichen Würde auch angesichts neuer Entwicklungen in der Bio- und Gentechnik.

All dies sind zukunftsentscheidende Fragestellungen.

Das Problem scheint mir also nicht in angeblich fehlenden Themen zu liegen, sondern vielmehr darin, dass wir vor lauter einzelnen Schritten und vor lauter Aufgeregtheiten des Tages bisweilen die Bedeutung und Ziele aus den Augen verlieren.

Wo sonst wäre es denkbar gewesen, das eine „nationale Aufgabe" wie die Deutsche Einheit für viele zu einem bloßen Rechenexempel verkommen konnte, bei dessen Lösung jede Gruppe für sich darauf bedacht war, Besitzstände zu verteidigen und sich dabei ein möglichst großes Stück vom kleiner gewordenen Kuchen zu sichern?

Natürlich sind wir Politiker nicht unschuldig. Zu gerne lassen wir uns auf das Spiel mit den Medien ein, komplexe Themen nach Möglichkeit zu emotionalisieren und auf 20-Sekunden-Statements zu reduzieren.

Der frühere amerikanische Vizepräsident Al Gore hat einmal geschrieben: „Ich bin zunehmend betroffen, wenn ich sehe, wie leicht es einem Politiker fällt, sich in den Formen der Persönlichkeitsdarstellung zu verlieren, die darauf zielen, zu gefallen und einen taktisch kalkulierten Eindruck zu vermitteln. Die Modulation der Stimme, zehn Minuten lange soundbites, griffige Slogans, zitierfähige Phrasen, nachrichtentaugliche Blickwinkel, Sprüche, die sich als Türöffner bei Interessengruppen eignen, Prioritäten, die aus Meinungsumfragen abgeschrieben wurden, Entspanntheit als Effekt, Emotionen aufs Stichwort – das sind die Formen moderner Politik. Zusammengenommen können sie selbst den besten Politiker von der eigentliche Aufgabe ablenken."

192

Es ist für den Fortbestand der demokratischen Ordnung unabdingbar, dass wenigstens über folgende drei Punkte Einigkeit besteht:

1. Die Achtung der Menschenwürde und die Geltung der Menschenrechte.
2. Die Anerkennung demokratischer Spielregeln, vor allem des Mehrheitsprinzips, und die Bereitschaft zum fairen Kompromiss.
3. Die Anerkennung des staatlichen Gewaltmonopols.

Hierzu müssen wir von jedem, zumal wenn er diesen Staat repräsentieren will, ein klares Bekenntnis verlangen. Es geht nicht an, dass man einmal Ja zum staatlichen Gewaltmonopol sagt, ein andermal Nein.

Beliebigkeits- und Lebensabschnittsdemokraten können wir nicht gebrauchen. Ich bin davon überzeugt: Politiker, die jeden Tag ihre Meinung wechseln wie ihr Hemd, die politischen Pragmatismus ohne wertegebundenen Kompass als Tugend ausgeben, leisten unserem Lande einen schlechten Dienst. Das ist nichts anderes als „kontinuierlicher Kurswechsel".

Die Bürgerinnen und Bürger erwarten von der Politik in einer pluralistischen Gesellschaft mehr Orientierung, und sie erwarten in einer unübersichtlicher gewordenen Welt politische Führung und nicht nur symbolische Duftmarken.

Max Weber hat in seinem berühmten Vortrag „Politik als Beruf" 1919 gefordert, Politiker möchten Distanz zu Menschen und Dingen halten; sie sollten die Realität mit innerer Sammlung und Ruhe auf sich wirken lassen.

Das ist heute selten geworden. Umso heftiger wünsche ich mir in der Politik:

mehr gelassene Beharrlichkeit;

die Fähigkeit, sich von den Aufgeregtheiten des Tages und

des Zeitgeistes unabhängiger zu machen;

eine größere Bereitschaft, an Grundsätzen festzuhalten;

den Willen, sich an einer Idee des Gemeinwohls zu orientieren; sowie die Lust daran, seine Überzeugungen kämpferisch zu vertreten.

Ich bin sicher: Nur so lässt sich der Verlust der Glaubwürdigkeit in der Politik aufhalten. Nur so lässt sich das Ansehen der Politik in unserem Lande wieder stärken.

Der bedeutende Politikwissenschaftler Ernst Fraenkel, der als Jude und Sozialist Deutschland unter der Nazi-Barbarei verlassen musste und nach dem Kriege zurückkehrte, um in Berlin das Fach Politikwissenschaft aufzubauen, und der in seinen letzten Lebensjahren schwer unter der bisweilen brutalen Intoleranz der sogenannten 68-er litt, hielt jedem Bürger seine Verantwortung vor Augen, als er schrieb: „Der pluralistische Staat ist ein moralisches Experiment, das jeden Tag von Neuem gewagt werden muss."

Schutz der Menschenwürde angesichts der biomedizinischen Möglichkeiten

Diskussionspapier, Mai 2001

Die Entwicklung der Biomedizin macht große Fortschritte. Ihre Möglichkeiten werden das Leben künftig entscheidend prägen. Gleichzeitig werden jedoch neue ethische und moralische Fragen aufgeworfen, die die Substanz menschlichen Daseins betreffen. Insofern gibt es Hoffnungen und Erwartungen, aber auch Ängste und Gefahren.

Die Unantastbarkeit der Würde des Menschen zu achten und zu schützen ist nach Artikel 1 unseres Grundgesetzes oberste Verpflichtung allen staatlichen Handelns. An ihr müssen die Grenzen des wissenschaftlich Möglichen gemessen werden.

Im Bewusstsein dieser Verantwortung für die Achtung der Einmaligkeit menschlichen Lebens spricht sich der Niedersächsische Landtag für folgende Grundsätze bei der Weiterentwicklung und Anwendung biomedizinischer Möglichkeiten aus:

1. Menschliches Leben entsteht bereits mit der Verschmelzung von Ei und Samenzelle. Wo es existiert, kommt ihm menschliche Würde zu; es ist nicht entscheidend, ob der Träger sich dieser Würde bewusst ist und sie selbst zu wahren weiß. Die von Anfang an im menschlichen Sein angelegten potentiellen Fähigkeiten genügen, um die Menschenwürde zu begründen. Im Hinblick auf die Schutzverpflichtung des Grundgesetzes (Artikel 1) ver-

195

bietet sich jegliche Differenzierung mit Blick auf Alter und Entwicklungsstand des Lebens.

2. Biomedizinische Fortschritte müssen dem Wohl des Patienten dienen. Dabei muss es um die Bekämpfung von schwerwiegenden Krankheiten gehen. Der Zugang zu biomedizinischen Möglichkeiten der Heilung muss für alle Bürgerinnen und Bürger gleich gewährleistet sein.

3. Das Recht auf informationelle Selbstbestimmung muss strikt gewahrt werden. Im öffentlichen oder privatwirtschaftlichen Bereich darf die Gewährung von Leistungen nicht von einer genetischen Diagnostik abhängig gemacht werden. Der Zugang zu Arbeitsplätzen und der Zugang zu Versicherungen einschließlich der Krankenversicherung darf nicht von der Erhebung genetischer Daten oder von der Qualität dieser Daten abhängig gemacht werden. Das Recht auf informationelle Selbstbestimmung umfasst aber auch das Recht auf die Nichtinanspruchnahme genetischer Diagnostik.

4. Die Forschung an adulten Stammzellen, einschließlich der aus Nabelschnurblut gewonnenen, ist massiv zu fördern. Der Landtag lehnt die Erzeugung von embryonalen menschlichen Stammzellen und von Embryonen zu Forschungszwecken und zu gewerblichen Zwecken ebenso ab wie die verbrauchende Embryonenforschung. In der Abwägung zwischen der verfassungsrechtlich geschützten Forschungsfreiheit und dem verfassungsrechtlichen Schutz des Lebens entscheidet sich der Landtag für den Lebensschutz des Embryos.

5. Der Landtag tritt für die Fortgeltung des Embryonenschutzgesetzes von 1990 ein, das das reproduktive Klonen von Menschen verbietet. Er wendet sich auch gegen das

sogenannte therapeutische Klonen auf der Grundlage menschlicher Embryonen, und zwar auch dann, wenn diese durch Kerntransplantation in entkernte menschliche Eizellen hergestellt werden.

6. Der Landtag lehnt gezielte Eingriffe in die menschliche Keimbahn ab.

7. Der Landtag bejaht die Möglichkeit der künstlichen Befruchtung mit dem ausschließlichen Ziel, eine Schwangerschaft der Frau herbeiführen zu wollen, von der die Eizelle stammt. Er lehnt alle gendiagnostischen Maßnahmen in der Fortpflanzungsmedizin ab, mit der eugenische Ziele verfolgt werden. Er spricht sich gegen die dem Embryonenschutzgesetz widersprechende Präimplantationsdiagnostik (PID) und damit gegen die Selektion und Vernichtung von Embryonen aus.

8. Der Landtag fordert den Bundesgesetzgeber auf, die psychosoziale Beratung der Schwangeren sowohl vor der pränatalen Diagnostik als auch danach, wenn eine nicht behebbare Krankheit oder Entwicklungsstörung festgestellt wurde, verbindlich zu machen.

9. Der Landtag setzt sich dafür ein, Müttern und Vätern und Familien eine bessere Perspektive für ein Leben mit einem Kind mit einer Behinderung zu geben. Das Gebot des Grundgesetzes, wonach niemand wegen seiner Behinderung benachteiligt werden darf, muss für das geborene wie das ungeborene Leben gelten.

Begründung:

1. Das Grundgesetz der Bundesrepublik Deutschland verpflichtet alle staatliche Gewalt dazu, die unantastbare

Würde des Menschen zu achten und zu schützen. Unser Grundgesetz hat klare Wertentscheidungen zugunsten der Menschenwürde und des Lebens getroffen. Sie gehören zum Kernbereich der Verfassung. Das Bundesverfassungsgericht hat klar gestellt, dass der menschliche Embryo auch im Frühstadium seiner Entwicklung vor der Nidation Anteil am Schutz der Menschenwürde und des Rechts auf Leben hat. Das Gericht geht davon aus, dass „menschliches Leben bereits mit der Verschmelzung von Ei und Samenzelle entsteht". Das Leben eines Menschen ist grundgesetzlich der Verfügbarkeit anderer Menschen enthoben. Anderenfalls könnte die Menschenwürde jedes einzelnen nicht gewahrt werden.

2. Die biomedizinischen Entwicklungen zeigen Möglichkeiten auf, schwere Krankheiten zu heilen und ihre Entstehung zu vermeiden. Dieses im Prinzip begrüßenswerte Ziel darf aber nicht um den Preis der Herabwürdigung eines konkreten Menschen – und sei es im Frühstadium seiner embryonalen Entwicklung – zum Objekt, zu einem bloßen Mittel, verfolgt werden. Ein menschlicher Embryo ist eben kein „Zellhaufen, aus dem einmal ein Mensch werden kann, der aber nichts Menschliches besitzt", wie ein Wissenschaftler meint, sondern Mensch von Anfang an – mit allen Schutzrechten unserer Verfassung.

Dort, wo die biomedizinischen Möglichkeiten diese ethische und rechtliche Begrenzung einhalten, zum Beispiel bei der ethisch unbedenklichen Therapie mit adulten Stammzellen, wo sie dem Wohl eines Patienten dienen, ohne menschliches Leben zu vernichten, müssen sie allen Bürgerinnen und Bürgern zugänglich sein.

3. Es ist von großer Bedeutung, dass die gesammelten gene-

tischen Daten rechtlich so geschützt sind, dass der Umgang damit nicht zu Stigmatisierung und Diskriminierung von Menschen führt, zum Beispiel bei der Einstellung, am Arbeitsplatz oder beim Abschluss von Versicherungen. Niemand darf zu genetischer Diagnostik verpflichtet werden.

4. Weil der Mensch niemals zum bloßen Objekt von Forschungs- oder Wirtschaftsinteressen werden darf, ist die Erzeugung von embryonalen Stammzellen zu Forschungszwecken und zu gewerblichen Zwecken nicht statthaft. Das Embryonenschutzgesetz stellt die befruchtete, entwicklungsfähige menschliche Eizelle vom Zeitpunkt der Kernverschmelzung an als Embryo und jede einem Embryo entnommene totipotente Zelle, die sich zu einem Individuum zu entwickeln vermag, unter Schutz. Menschliche Eizellen dürfen zu keinem anderen Zweck befruchtet werden, als eine Schwangerschaft derjenigen Frau herbeizuführen, von der die Eizelle stammt. Menschliches Leben in der Absicht zu erzeugen, es alsbald wieder zu vernichten, ist ethisch nicht zu rechtfertigen.

Die Forschungsfreiheit ist ein hohes verfassungsrechtliches Gut. Dem steht das Recht auf Leben mitunter gegenüber. Doch gerade beim Recht auf Leben ist einzusehen, dass der unantastbare Menschenwürdekern dieses Grundrechts größer ist als bei anderen Grundrechten, etwa dem Recht auf Forschungsfreiheit. Recht auf Leben muss daher in der Abwägung der Vorrang zukommen.

5. Das Verbot des Klonens muss aufrecht erhalten bleiben. Keinem künftigen Menschen dürfen seine Erbanlagen künstlich zugewiesen werden.

6. Eingriffe in die Keimbahn des Menschen sind ebenso wenig zu rechtfertigen wie die Herstellung von Hybriden oder

Chimären. Das Gebot des Embryonenschutzgesetzes ist unabdingbar.

7. Bei der Präimplantationsdiagnostik (PID) werden Embryonen zu diagnostischen Zwecken erzeugt und nach einer Selektion wieder vernichtet. Dies entspricht klar den verfassungsrechtlichen Bestimmungen und dem Embryonenschutzgesetz, wonach ein Embryo nur zur Herbeiführung einer Schwangerschaft verwendet werden darf. Auch wenn man ein Recht auf ein Kind grundsätzlich anerkennt, so muss dieses Fortpflanzungsrecht doch Grenzen haben. Es berechtigt nicht, bereits erzeugte Embryonen zu vernichten, um bestimmte genetische Erbkrankheiten auszuschließen. Das Lebensrecht und die Menschenwürde auch des mit einer Krankheit dispositionsbehafteten Embryos sind zu achten. Hingewiesen werden muss auch auf das Diskriminierungsverbot des Grundgesetzes wegen einer Behinderung. Der Staat hat das Recht und die Pflicht, bereits die Erzeugung menschlicher Embryonen zu verhindern, wenn diese einem Verfahren unterzogen werden sollen, das sie der Gefahr der alsbaldigen Vernichtung aussetzt. Ein Verbot der PID führt im Ergebnis dazu, dass dem betroffenen Paar der Verzicht auf eigene Kinder zugemutet wird, wenn die Eltern sich nicht zur bedingungslosen Zeugung entschließen und das Kind mit seiner naturgegebenen genetischen Ausstattung annehmen. Die mit dauerhafter Kinderlosigkeit verbundenen Probleme können nicht gering geschätzt werden. Aber es ist kaum zu erwarten, dass hierdurch wirklich existenzbedrohende Konflikte entstehen, die den Gesetzgeber von Verfassungs wegen zu einer Aufgabe des Embryonenschutzes zwingen müssten. Denn wenn der Gesetzgeber im Rahmen der PID

200

individuelle Selektionsentscheidungen ermöglichen würde, bereitete er gleichzeitig der Diskriminierung von Menschen mit Behinderung den Weg.

In der öffentlichen Diskussion ist darauf hingewiesen worden, dass nicht die genetische Schädigung die Verwerfung des Embryos bei Anwendung der PID rechtfertige, sondern die befürchtete Überlastung der Mutter bzw. der Eltern durch das behinderte Kind. Es werde lediglich die Ratio der medizinischen Indikation im Abtreibungsrecht vorverlagert. Was im Abtreibungsrecht statthaft sei, müsse auch bei der Übertragung eines Embryos mit der gleichen erblichen Belastung akzeptiert werden. Doch hier wird übersehen, dass eine PID nur dann durchgeführt wird, wenn sich die Eltern nicht in der Lage sehen, das Kind mit der befürchteten Erkrankung akzeptieren zu können. Die „künftige Konfliktlage" steht jedoch schon vor der Zeugung fest, weshalb Eltern sich auch schon vor der Zeugung entscheiden können, ob sie sich dieser Konfliktlage stellen oder nicht. Das ist bei einer bereits bestehenden Schwangerschaft nicht der Fall.

8. Die Verpflichtung zur Beratung vor der pränatalen Diagnostik soll die Entscheidungskompetenz der Schwangeren bzw. der Eltern im Hinblick auf die Inanspruchnahme oder Ablehnung der Pränataldiagnostik stärken. Ist eine nicht behebbare Krankheit oder Behinderung des ungeborenen Kindes diagnostiziert worden, sollen in der Beratung die aus der Krankheit oder Behinderung sich ergebenden Folgen für die Schwangere und ihre Familie erörtert werden. Der bereits bestehende Anspruch auf Beratung ist wenig bekannt und unzureichend, um die nötige Beratung sicherzustellen.

9. Es ist Aufgabe der Politik, junge Menschen zu ermutigen, sich für die Familie, für ein Leben mit Kindern, auch wenn sie Behinderungen haben, zu entscheiden. Dazu gehört ein weitreichendes Beratungs- und Hilfeangebot.

Die Bedeutung des Eigentumsbegriffs in der Politik

Rede vor dem Verband der Niedersächsischen Grundbesitzer, März 2002

Das Eigentum ist für die Gesellschafts- und Rechtsordnung der Bundesrepublik Deutschland von überragender Bedeutung. Privates und sozialverpflichtetes Eigentum einschließlich des Erb-rechts ist ein Grundpfeiler der sozialen Marktwirtschaft. Es gibt dem Einzelnen eine Vielzahl von Entscheidungsmöglichkeiten und erhöht damit seine persönliche Freiheit. Privateigentum ist eine Triebfeder, Anreiz und entscheidende Bedingung dafür, dass Investitionen getätigt und damit die Grundlagen für Arbeitsplätze geschaffen werden. Es war der Wirtschaftsphilosoph Friedrich August von Hayek, der Familie, Eigentum und Aufrichtigkeit als Grundvoraussetzungen für die Funktionsfähigkeit der sozialen Marktwirtschaft definiert hat. Da eine freiheitliche Demokratie ohne Privateigentum nicht denkbar ist, gehören Freiheit und Eigentum begriffsnotwendig zusammen.

Ein Blick in die europäische Verfassungsgeschichte zeigt, dass die Konstituierung des Eigentumsrechts eine Folge des bürgerlichen Strebens nach Unabhängigkeit und Freiheit gewesen ist. In der bürgerlichen Verfassungsbewegung, zuerst im England des 17. Jahrhunderts, verbindet sich der alte Gedanke einer natürlichen Freiheit des Menschen mit einem säkularisierten Individualismus und den Produktions- und Handelsinteressen des aufsteigenden Bürgertums. Das Privateigentum, nämlich das Sacheigentum des Grundeigentümers, des Kaufmanns, des Handwerkers, des Fabrikbesitzers und des begüterten Bürgers wurde als Ergebnis individueller Leistung und als notwendige Bedingung individueller Freiheit begriffen. Die Weimarer Reichsverfassung fügte der Gewährleistung des Eigentums ausdrücklich eine Festlegung seiner Sozialgebundenheit hinzu und bildete damit bereits die Grundlage für die heutige Ausgestaltung des Eigentumsrechts in Artikel 14 des Grundgesetzes. Artikel 14 Grundgesetz ist eine objektive Norm des Verfassungsrechts, die zum einen Inhalt und Schutzwirkung des Grundrechts regelt und zum anderen dem Einzelnen ein subjektives Recht auf Eigentumsgewährleistung gibt. Eine breite Streuung des Eigentums ermöglicht Freiheit und Wohlstand, Wachstum und Wohlfahrt.

Die politische Entwicklung der letzten Jahre hat gezeigt, dass der überregulierende und steuernde Staat eine Gefahr für das Privateigentum darstellen kann. Beeinträchtigungen des Eigentums drohen insbesondere durch staatliche Eingriffe und ausufernde Steuern. Denkmalschutz, Natur- und Umweltschutz, Agrarpolitik, Mietrecht und vieles mehr stellen sich oft als schleichende Enteignungen dar, da sie die Nutzung des Eigentums teilweise erheblich einschränken, und das ohne Ausgleichsregelung. Und es sind auch nicht einige Funktionäre in Rio de Janeiro, die auf den Gedanken der Nachhaltigkeit gekommen sind, sondern es sind die Eigentümer selbst, die dafür sorgen – und immer gesorgt haben –, dass Grund und Boden substanziell erhalten bleiben und damit im besten Sinne nachhaltig Erträge bringen.

Die Staatsquote in der Bundesrepublik Deutschland beträgt nunmehr fast 50 Prozent, das heißt, die Hälfte der deutschen

Wirtschaftsleistung liegt bei der öffentlichen Hand, die immer mehr Schulden aufnehmen und immer mehr Steuern und Abgaben eintreiben muss. In dieser Situation besteht die Gefahr, dass der Staat immer stärker auch auf das private Eigentum zugreift. Entsprechende Signale sind seit dem Regierungsantritt der rotgrünen Koalition in Berlin im Jahre 1998 unübersehbar.

Seit der Regierungsübernahme durch Rot-Grün werden in regelmäßigen Abständen die Erhöhung der Erbschaftssteuer, die Wiedereinführung der Vermögenssteuer, höhere Grundsteuern und eine Kürzung der Eigenheimförderung erwogen. Die Debatte um eine Wiedereinführung der Vermögenssteuer bedeutet einen unterschwelligen und stetigen Angriff auf das Wohneigentum. Die in der rot-grünen Regierungskoalition angestellten Erwägungen über eine Erhöhung der Erbschaftssteuer sind entlarvend und lassen eine weitere Aushöhlung des Eigentums befürchten. Eine Erhöhung der Erbschaftssteuer hätte eine erneute Steigerung der Abgabenbelastung auf bereits versteuertes Vermögen zur Folge, obwohl bereits vor 4 Jahren eine drastische Steuererhöhung stattgefunden hat. Darüber hinaus offenbart die Diskussion über die Erhöhung der Erbschaftssteuer einen sozialistischen, antibürgerlichen Reflex. Ziel der rot-grünen Bundesregierung ist es offensichtlich nicht, dass möglichst viele Menschen möglichst viel besitzen. Vielmehr scheint es das Ziel zu sein, den für unmündig erklärten Bürger vor sich selbst in Schutz zu nehmen und möglichst viel in Staatshand zu legen. Dahinter steht ein gestörtes Verhältnis zu Eigentum und Familie – und mitunter Neid. Wer die Familie ablehnt oder verachtet, muss im Weitergeben von Besitz an die nächste Generation einen illegitimen Vorgang sehen. Wer Privatbesitz ablehnt oder verachtet, hält auch den drastischen staatlichen Zugriff auf privates Vermögen für legitim.

Gerade sozialistisch geprägte Politiker erheben seit je die Forderung, die angebliche Ungleichheit der Eigentumsverhältnisse aufzuheben und durch marktwidrige Pläne eine Umverteilung im Namen der sozialen Gerechtigkeit herbeizuführen. Eine solche Politik anzuwenden, hätte die Vernichtung der Leistungsanreize zur Folge. Eigentum wird durch Leistung geschaffen. Sobald dieser Zusammenhang infrage gestellt wird, ist die Leistungsfähigkeit der sozialen Marktwirtschaft in Gefahr. Eine Gesellschaft, die auf Leistung angewiesen ist, wäre damit zum Scheitern verurteilt. Alle Staatssysteme, die versucht haben, eine Wirtschafts- und Gesellschaftsordnung ohne Privateigentum zu schaffen, sind politisch gescheitert. Ein Scheitern muss jedoch auch einem demokratischen Staat drohen, der den Eigentumsbegriff bis zu einer leeren Hülle aushöhlt.

Der frühere Richter am Bundesverfassungsgericht, Paul Kirchhof, hat in einem Beitrag in der Zeitung „Die Welt" vom 1. 3. 2002 vom „maßlosen Steuerstaat" gesprochen und festgestellt, dass die undurchschaubare und in sich widersprüchliche Fülle von Lenkungs- oder Strafsteuern die Freiheit und das Eigentumsrecht des Bürgers zunehmend einschränkt. Dabei hat Kirchhof an das zweite politische Testament Friedrich des Großen erinnert, der 1768 zur Frage des steuerlichen Zugriffes und des Übermaßverbotes ausgeführt hat: „Die Hirten scheren ihre Schafe, aber sie ziehen ihnen nicht das Fell ab. Es ist gerecht, dass jeder Einzelne dazu beiträgt, die Ausgaben des Staates tragen zu helfen, aber es ist gar nicht gerecht, dass er die Hälfte seines jährlichen Einkommens mit dem Souverän teilt. Bauer, Bürger und Edelmann müssen in einem gut verwalteten Staat einen großen Teil ihrer Einkünfte selbst genießen und sie nicht mit der Regierung teilen."

Diese staatspolitische Einsicht Friedrich des Großen hat sich inzwischen zu einem verfassungsrechtlichen Prinzip verdichtet. Nach der Rechtsprechung gewährleistet die Eigentumsgarantie des Grundgesetzes, dass die individuelle Steuerlast in der Nähe einer hälftigen Teilung des erworbenen Einkommens ihre Obergrenze findet. Gleichwohl muss der Staat bemüht sein, die steuerliche Belastung deutlich unterhalb der hälftigen Teilung des hinzuerworbenen Eigentums zu begrenzen und das Steuerrecht in einer umfassenden Reform individuell und sachgerecht zu vereinfachen.

Der Vorschlag Paul Kirchhofs, ein vereinfachtes Steuergesetz in einem Bundessteuergesetzbuch zu beschließen, in dem Steuerschuldner, Steuergegenstand, Bemessungsgrundlagen, Steuertarif und Belastungsprinzipien geregelt werden, ist daher zu begrüßen. Neben einer Vereinfachung des Steuerrechts muss die steuerliche Belastung so maßvoll gestaltet werden, dass die freiheitsdienende Funktion des Eigentums nicht gefährdet wird.

Der Staat ist aufgefordert, die Rahmenbedingungen für die Bildung von Eigentum zu verbessern. Dies gilt insbesondere für den Bereich des Wohneigentums. Deutschland ist auch beim Wohneigentum bei einer Quote von nur 40 Prozent mit Abstand Schlusslicht in der EU. Die Verbreiterung des Wohneigentums ist nicht nur ordnungspolitisch geboten, sondern wird auch den Wünschen der meisten Menschen in unserem Lande gerecht. Wohneigentum ist Ausdruck einer Familienförderung, einer Heimatverwurzelung und eines lebendigen Umweltbewusstseins der Bürger. Darüber hinaus erfüllt das

Wohneigentum als finanzielle Zukunftsvorsorge eine wichtige Funktion.

Das Eigentum kann seine freiheitssichernde Funktion nur erfüllen, wenn es vom Staat gegen Angriffe konsequent geschützt und verteidigt wird. In Zeiten hoher Kriminalität und zunehmender Gefahren für die innere Sicherheit ist auch das Eigentum einer erhöhten Bedrohung ausgesetzt. Die dramatisch anwachsende sogenannte Massenkriminalität sowie die zunehmende, immer brutaler werdende Gewalt und die wachsende Gewaltbereitschaft bringen die innere Sicherheit in ernsthafte Gefahr. Wenn diese Entwicklung anhält, entsteht ein schwerer und gefährlicher Vertrauensverlust in den Rechtsstaat. Leben, Gesundheit, Eigentum und Vermögen müssen deshalb umfassend geschützt werden.

Aus diesem Grund ist mehr Härte und entschiedeneres Eingreifen des Staates insbesondere gegen Eigentumsdelikte, Vandalismus und Schmierereien an Häusern und öffentlichen Plätzen erforderlich. Die Bürger brauchen in unserem Rechtsstaat keine Angst mehr vor Übergriffen des Staates gegen ihr Eigentum zu haben. Die Bürger fürchten sich davor, dass der Staat sie und ihr Eigentum nicht mehr hinreichend schützt. Ein Beispiel für alltägliche Eigentumsverletzungen sind Schmierereien, sogenannte Graffiti, an Hauswänden in nahezu jeder Stadt. Durch das Geschmiere an Hauswänden entstehen jährlich Schäden in dreistelliger Millionenhöhe.

In vielen Fällen wird gegen diese Sachbeschädigung kaum ernsthaft ermittelt. In Städten, wie z. B. München, die polizeiliche Sonderermittler zur Aufklärung von Graffiti-Taten einsetzen, gibt es allerdings eine Aufklärungsquote von 60 und mehr Prozent. Dies macht deutlich, dass nur entschlossenes Handeln des Staates Eigentumsverletzungen abwenden kann.

Das Problem der Hausschmierereien ist in der Vergangenheit, insbesondere von rot-grünen Rechtspolitikern, verharmlost worden. Die CDU-Landtagsfraktion hat im letzten Jahr eine Initiative in den Landtag eingebracht, in der die Landesregierung aufgefordert wird, im Bundesrat für eine Verschärfung des Straftatbestandes der Sachbeschädigung einzutreten und eine Strafbarkeit von Graffiti-Sprayern zu ermöglichen. Rot-Grün hat jahrelang entsprechende Initiativen der CDU/CSU-Bundestagsfraktion abgelehnt. Nunmehr lenkt die rot-grüne Regierungskoalition ein und kommt der Forderung der CDU nach, auch die Verunstaltung von Eigentum als strafrechtliche Sachbeschädigung zu regeln.

Überall dort, wo öffentliches und privates Eigentum vom Staat nicht konsequent geschützt und verteidigt wird, breiten sich Verschmutzungen, Sachbeschädigungen und weitere Eigentumsverletzungen allmählich flächendeckend aus. Es gibt einen Kreislauf der Kriminalität. Was als Gewalt gegen Sachen beginnt, endet oft mit der Gewalt gegen Personen.

Die CDU wendet sich seit jeher gegen jede Form von Kapitulation vor der Kriminalität. Eine materiell-rechtliche Entkriminalisierung sogenannter Bagatelldelikte, wie dies von Rot-Grün gefordert wurde, sowie eine pauschale oder an Wertgrenzen orientierte Anwendung der strafprozessualen Vorschriften über die Einstellung von Strafverfahren wegen Geringfügigkeit hätte negative Auswirkungen auf das kollektive und individuelle Rechtsbewusstsein, das ohnehin Erosionstendenzen unterliegt.

Die CDU tritt für eine konsequente Sicherheits- und Kriminalpolitik zum Schutz von Freiheit, Sicherheit und Eigentum der friedlichen und rechtstreuen Bürger ein. Hier ist die wehrhafte Demokratie gefordert, die entschieden und mit allen ihr zur Verfügung stehenden rechtsstaatlichen Mitteln den inneren Frieden verteidigt und bewahrt. Von entscheidender Bedeutung ist dabei, die Polizei in die Lage zu versetzen, Freiheit und Eigentum zu schützen. Die Politik muss den Polizeibeamten die Gewissheit geben, dass ihr konsequenter Einsatz gegen Straftäter gewollt ist und Angriffe auf fremdes Eigentum nicht als Kavaliersdelikt angesehen werden.

Unser Rechtsstaat tut sich teilweise schwer, den Schutz des Eigentums mit der notwendigen Konsequenz zu gewährleisten. Ein Beispiel hierfür ist die politische und rechtliche Bewertung der kommunistischen Zwangsenteignungen im Zeitraum von 1945 bis 1949.

In einem Artikel in der „Frankfurter Allgemeinen Zeitung" vom 16. 3. 1996 mit dem Titel „Bei den Enteignungen ist der Rechtsstaat in der Pflicht" habe ich zu dieser Frage deutlich Stellung bezogen und die Forderungen nach gerechten Regelungen für die Opfer der kommunistischen Zwangsenteignungen öffentlich bekräftigt.

Der frühere Bundesjustizminister Kinkel hat vor dem Bundesverfassungsgericht zu Recht das, was unter dem verlogenen und zynischen Begriff „Bodenreform" betrieben wurde, „eines der dunkelsten Kapitel deutscher Nachkriegsgeschichte" genannt. Diese Zwangsenteignungen, die ein Drittel der Fläche der DDR ausmachten, waren das größte Verbrechen der Nachkriegsgeschichte im Eigentumsbereich. Viele der betroffenen Grundeigentümer wurden nicht nur von ihrem Land vertrieben, sondern auch verhaftet und in Lager eingesperrt, wo viele elendig umgekommen sind. Die kommunistische Agitation redete, in einem grenzenlosen Hass gegen „Junker", der Forderung „Junkerland in Bauernhand" das Wort. In Wahrheit waren ganze 66 Betriebe mit mehr als Tausend Hektar betroffen. Der größte Teil des enteigneten Landes gehörte schlichten Bauern. Darüber hinaus wurden sogar 4.000 Betriebe unter 100 Hektar enteignet, mit einer Durchschnittsgröße von 34 Hektar. Von diesen Enteignungen waren Tausende von Handwerkern, Gastwirten, Einzelhändlern bis hin zu Eigentümern von kleinen Einfamilienhäusern und Gewerbe- und Industriebetrieben betroffen. Tausende von Rehabilitationsentscheidungen durch russische Behörden nach der Wiedervereinigung, mit denen die Unrechtsmaßnahmen aufgehoben und die Betroffenen in ihre Rechte wieder eingesetzt wurden, bestätigen die blanke Willkür, mit der gegen angebliche „Volksfeinde" vorgegangen wurde.

Viele Opfer der sogenannten „Bodenreform" hofften nach der Wiedervereinigung auf eine Rückübertragung ihres Eigentums. Die Politik, die Rechtsprechung der Verwaltungsgerichte und des Bundesverfassungsgerichts haben die Hoffnungen der Eigentümer enttäuscht und Klagen auf Rückübertragung des Eigentums abgewiesen.

Im Interesse der Alteigentümer ist es notwendig, aus dieser Rechtsprechung, die ich für falsch halte, politische Konsequenzen zu ziehen.

Es ist nicht hinnehmbar, dass unser Rechtsstaat Bundesrepublik Deutschland Erbe des Unrechtsstaates DDR wird und Staatsbesitz der DDR, der jetzt Staatsbesitz der Bundesrepublik ist, den alten Eigentümern weiterhin vorenthalten wird.

Die Rückgabe von Staatsbesitz an die Alteigentümer wäre auch aus wirtschaftlichen Gründen ein Vorteil für die Entwicklung in den neuen Ländern. Nach Schätzungen des Wirtschaftswissenschaftlers Prof. Willgerodt aus dem Jahr 2000 entgehen dem Staat Millionen an Steuereinnahmen, weil die Rückgabe des unter sowjetischer Besatzungsmacht enteigneten Besitzes verweigert wird. Tausende von einst florierenden mittelständischen Betrieben sind ruiniert – 1,8 Millionen Hektar agrar- und forstwirtschaftliche Flächen und schätzungsweise 750.000 Immobilien befinden sich im Besitz des Bundes und warten auf Käufer. Nach Auffassung von Prof. Willgerodt wäre eine Rückgabe des Besitzes unter anderem bereits deshalb ökonomisch vorteilhafter, weil Eigentümer mit ihrem Besitz verantwortungsbewusster umgehen als die öffentliche Hand. Statt Gelder in die Verwaltung der Objekte zu stecken, könnten Steuerquellen sprudeln. Zudem wären die Ausgaben für Arbeitslosenunterstützung und Sozialhilfe niedriger, weil die Alteigentümer neue Arbeitsplätze schaffen würden.

Es bleibt abzuwarten, wie die von verschiedenen Opfern der „Bodenreform" angestrengten Beschwerdeverfahren beim Europäischen Gerichtshof für Menschenrechte ausgehen. Mit diesen Verfahren soll die Bundesrepublik Deutschland veranlasst werden, das von der ehemaligen DDR entschädigungslos konfiszierte Eigentum an die früheren Eigentümer zurückzugeben. Die Beschwerdeführer vor dem Europäischen Gerichtshof machen nach meiner Auffassung zu Recht geltend, von der Bundesrepublik diskriminiert zu werden, da Personen, die nach 1949 von der ehemaligen DDR enteignet worden seien, ihr Eigentum zurückerhalten hätten, während den von der „Bodenreform" Betroffenen die Rückgabe ihres Vermögens verweigert werde.

Unabhängig davon müssen zumindest die eindeutigen Forderungen der Bodenreformurteile umgesetzt werden, die ausdrücklich gerechte Ausgleichsleistungen für die Enteignun-

212

gen 1945 bis 1949 fordern. Maßstab dieser Ausgleichsleistungen ist nach den Bundesverfassungsgerichtsentscheidungen der Gleichheitssatz des Artikel 3 Grundgesetz. Das bedeutet, dass Ausgleichsleistungen für die Enteignungen 1945 bis 1949 so festgelegt werden müssen, dass sie – verglichen mit den im Vermögensgesetz festgelegten Regelungen für die nach 1949 erfolgten Enteignungen – diesem Gleichbehandlungsgebot entsprechen. Dies ist mit der von der SPD durchgesetzten Fassung des Entschädigungs- und Ausgleichsleistungsgesetzes nach Auffassung zahlreicher Staatsrechtslehrer nicht erreicht worden.

Die CDU Niedersachsen hat sich auf verschiedenen Landesparteitagen mit den kommunistischen Zwangsenteignungen beschäftigt. Nach eindeutiger Beschlusslage tritt die CDU Niedersachsen weiterhin mit allem Nachdruck für gerechte Ausgleichsregelungen, insbesondere die Rückgabe von Staatsbesitz an die Enteignungsopfer, ein.

In der Vergangenheit hat die SPD-Mehrheit im Bundesrat entsprechende, von der damaligen Regierungsmehrheit von CDU/CSU und FDP im Bundestag beschlossene Regelungen blockiert und verweigert auch weiterhin die Zustimmung zu gesetzlichen Verbesserungen. Die CDU wird in den nächsten Monaten alles dafür tun, Mehrheiten im Bundestag und Bundesrat zu erreichen, um rechtliche Verbesserungen für die Eigentümer durchzusetzen. Es bleibt das Ziel der CDU, gerechte Ausgleichsleistungen für die kommunistischen Zwangsenteignungen, insbesondere die Rückgabe von Staatsbesitz, durchzusetzen.

In diesem Zusammenhang ist das Engagement der verschiedenen Organisationen und Initiativen der Grundbesitzer besonders zu würdigen, die trotz starker Widerstände in der Politik und ungünstiger Gerichtsentscheidungen immer für ihre Überzeugungen gestanden und in der Sache weitergekämpft haben. Ich möchte dabei besonders die Arbeitsgemeinschaft für Agrarfragen und ihren Vorsitzenden, Rechtsanwalt Albrecht Wendenburg, nennen. Die Arbeitsgemeinschaft für Agrarfragen hat vor wenigen Tagen einen Forderungskatalog vorgelegt. Zudem hat die Arbeitsgemeinschaft der Grundbesitzerverbände 11 Thesen zum privaten Eigentum als Wahlprüfsteine erarbeitet. Ich kann Ihnen versichern, dass die CDU Niedersachsen diese Positionen unterstützen und in die politische Arbeit aufnehmen wird.

Die Politik muss sich wieder darauf besinnen, dass nur eine Ausrichtung auf die freiheits- und marktfördernde Funktion des Eigentums einen entscheidenden Beitrag zur Verbesserung der wirtschaftlichen Rahmenbedingungen in der Bundesrepublik Deutschland leisten kann.

Die Politik muss sich wieder stärker darauf besinnen, dass privates Eigentum Voraussetzung für die freiheitliche und rechtsstaatliche Ordnung ist. Privates Eigentum ist ein elementares Grundrecht. Es ist nicht vom Staat gegeben und darf daher auch nicht vom Staat genommen werden. Nicht das Privateigentum bedarf der Rechtfertigung, sondern der staatliche Eingriff in diese Rechtsposition. Ohne Privateigentum ist eine freiheitliche Demokratie nicht denkbar. Die politischen Entwicklungen der letzten Jahrzehnte haben gezeigt, dass jede Generation von der fundamentalen gesellschaftlichen Bedeutung des Privateigentums als Ausdruck individueller Freiheit und Unabhängigkeit aufs Neue überzeugt werden muss.

214

Biographische Chronik
Christian Wulff

1959	Geboren am 19. Juni 1959 in Osnabrück/ Niedersachsen.
1961	Nach Trennung der Eltern vom zweiten Lebensjahr an vaterlos aufgewachsen.
1978-1980	Bundesvorsitzender der Schüler-Union. In dieser Eigenschaft zugleich Mitglied des CDU-Bundesvorstandes. Erste Begegnungen mit Helmut Kohl.
1979-1983	Mitglied des Bundesvorstandes der Jungen Union (JU); danach für zwei Jahre JU-Landesvorsitzender Niedersachsen. Vorzeitiger Rücktritt, um sich ganz seinem Staatsexamen zu widmen.
1979	Erste Rede auf einem CDU-Bundesparteitag in Kiel.
1980-1986	Studium der Rechtswissenschaften an der Universität Osnabrück.
1984	Politische Feuertaufe auf dem Stuttgarter „Amnestie"-Parteitag der CDU, mit einer kritischen Rede gegen Versuche der Partei, Spendenmanipulationen der Vergangenheit mit juristischen Verfahrenstricks rechtfertigen zu wollen.
1984	Mitglied des CDU-Landesvorstandes Niedersachsen.

1986	Mitglied im Rat der Stadt Osnabrück.
1987	Referendarexamen in Hannover; Referendariat u. a. am Oberlandesgericht Oldenburg.
1988	März: Heirat mit Christiane Vogt.
1989	CDU-Fraktionsvorsitzender im Osnabrücker Stadtrat.
1990	Eintritt in die Anwaltskanzlei Dr. Schmitz, Dr. Funk, Prof. Dr. Tenfelde und Partner in Osnabrück. Bezirksvorsitzender der CDU Osnabrück-Emsland.
1991	Mitglied der CDU-Grundsatzprogrammkommission und des Bundesfachausschusses Frauenpolitik.
1993	30. Januar: Nominierung zum Spitzenkandidaten der CDU und Herausforderer von Ministerpräsident Schröder bei der Landtagswahl vom März 1994 (auf dem Landesparteitag in Hannover mit 472 von 496 Stimmen). November: Geburt der Tochter Annalena.
1994	13. März: Niederlage der CDU bei der niedersächsischen Landtagswahl mit einem Verlust von 5,6 % (von 42 auf 36,4 %). Schröder erzielt mit 44,3 % die absolute Mehrheit und kann ohne die Grünen weiter regieren. 15. März: Wulff setzt sich in einer Kampfabstimmung um den Vorsitz der CDU-Fraktion im Landtag gegen den neuerlich kandidierenden Amtsinhaber Gansäuer durch. Anfang Juni: Wahl zum Landesvorsitzenden der CDU in Niedersachsen.

1995	Mai: Bestätigung im Amt des CDU-Frak-tionsvorsitzenden im Landtag, mit 50 zu 10 Gegenstimmen bei einer Enthaltung.
	Juni: Delmenhorster Parteitag lehnt Wulffs Initiative für eine Reform der Kommunalver-fassung nach süddeutschem Vorbild mehr-heitlich ab. Seine Idee wird gleichwohl bald darauf ausschlaggebend für eine entspre-chende Änderung der Kommunalverfassung durch Beschluss des niedersächsischen Land-tags.
	Sommer: Das World Economic Forum in Da-vos wählt Christian Wulff zu einem der „100 Global Leaders for Tomorrow".
1996	Juni: CDU-Landesparteitag in Celle; ein-drucksvolle Bestätigung im Amt des Landes-vorsitzenden (92 %).
	September: Bei den Kommunalwahlen siegt die CDU im Landesdurchschnitt mit 41,7 % vor der SPD mit 38,5%. Bestätigung des Kon-solidierungskurses der Niedersachsen-CDU, der Wulff gutgeschrieben werden kann. Deut-licher Anstieg der Mitgliederzahl innerhalb von zwei Jahren: Rund 10.000 Neuaufnah-men.
ab 1996	Die „jungen Wilden" in der CDU – Christian Wulff, Roland Koch, Peter Müller, Ole von Beust u. a. – melden sich mit z. T. harscher Kritik am Führungsstil von Bundeskanzler Helmut Kohl und an Verkrustungserschei-nungen in der Partei zu Wort.

Neben anderen Initiativen spricht sich Christian Wulff zum Ärger der Bonner Koalition und ostdeutscher Parteifreunde gegen die Rückgabe von Staatsbesitz aus Zwangsenteignungen zwischen 1945 und 1949 an die Eigentümer aus.

Innerparteilicher Streit um Wulffs Attacken auf die verfehlte Familienpolitik von Finanzminister Theo Waigel.

August: Wulff fordert unter Hinweis auf Widerstände gegen eine grundlegende und faire Steuerreform eine Kabinettsumbildung, die als Rücktrittsforderung gegen Theo Waigel interpretiert wird. Die Forderung löst in Bonn eine Diskussion über eine ergebnisoffene Kabinettsumbildung sowie den Neuzuschnitt einiger Ressorts aus. Kritik auch an fehlenden Debatten im Führungszirkel der CDU um Kohl als Parteichef und Kanzler.

1997   22. Juni: Die niedersächsische CDU nominiert Wulff auf ihrem Jahreskongress mit einer Mehrheit von über 97 % zu ihrem Spitzenkandidaten bei der Landtagswahl im Frühjahr 1998.

1998   1. März: Schröder (SPD) gewinnt die Landtagswahl mit 47,9 % unerwartet deutlich, die CDU erreicht nur 35,9 %. Die FDP, möglicher Koalitionspartner für die CDU, scheitert mit 4,9 % an der Fünf-Prozent-Hürde.

3. März: C. W. wird mit deutlicher Mehrheit als CDU-Fraktionsvorsitzender im Landtag

bestätigt (54 von 61 Stimmen). Wulff besetzt die Schlüsselpositionen fraktionsintern mit Leuten seines Vertrauens.

7. November: Nach der verlorenen Bundestagswahl vom September wird Wolfgang Schäuble zum Bundesvorsitzenden der CDU gewählt, als Nachfolger des 25 Jahre amtierenden Parteichefs Helmut Kohl. Christian Wulff rückt ins Präsidium der CDU auf, in dem er seither als einer der vier stellvertretenden Bundesvorsitzenden fungiert.

1999 Wulff übernimmt den Vorsitz der CDU-Präsidiumskommission Sozialstaat 21 und vertritt die CDU als Verhandlungsführer bei den Rentenkonsensgesprächen in Berlin.

6. November: Unter dem Druck immer neuer ans Licht tretender Affären tritt der niedersächsische Ministerpräsident Gerhard Glogowski (SPD) nach nur dreizehnmonatiger Amtszeit zurück. Bis zuletzt beruft er sich darauf, die gegen ihn erhobenen Vorwürfe der Vorteilsnahme im Amt seien „unberechtigt und unbewiesen"; er fühle seine „persönliche Ehre" angegriffen.

27. November: SPD-Fraktionschef Sigmar Gabriel wird zu Glogowskis Nachfolger gewählt.

2000 14. März: C. W. erfährt neuerliche Bestätigung im Amt   des Fraktionsvorsitzenden im Landtag, allerdings mit den Stimmen von nur 45 der insgesamt 61 anwesenden Abgeordneten; 14 Mandatsträger stimmen gegen ihn.

10. April: Versuch der CDU, auf ihrem Bundesparteitag in Essen die Turbulenzen der letzten Monate zu vergessen und zur Sachpolitik zurückzukehren. Angela Merkel wird als Nachfolgerin von W. Schäuble zur neuen Bundesvorsitzenden gewählt, mit sensationellen 95,94 %!

Mai: Bestätigung als Landesvorsitzender der CDU in Niedersachsen auf dem Parteitag in Osnabrück, mit 88,3 % der abgegebenen Stimmen.

2001 9. September: Bei Kommunalwahlen in Niedersachsen kommt die CDU landesweit auf 42,6 %; die SPD auf 38,6 %.

10. Dezember: C. W. übernimmt von Veronica Carstens, der Witwe von Bundespräsident Karl Carstens (1979 - 1984), die Schirmherrschaft der Deutschen Multiple Sklerose Gesellschaft.

2002 22. September: Die Wahlen zum Deutschen Bundestag gehen für CDU/CSU äußerst knapp verloren. Rot-Grün kann abermals ein Kabinett unter Kanzler Schröder bilden.

11. November: Christian Wulff wird als stellvertretender Bundesvorsitzender der CDU in seinem Amt bestätigt.

Literaturhinweise

Albrecht, Ernst: Erinnerungen - Erkenntnisse - Entscheidungen. Politik für Europa, Deutschland und Niedersachsen. Göttingen 1999

Alemann, Ulrich v.: Das Parteiensystem in der Bundesrepublik Deutschland. Opladen 2001

Arnim, Hans Herbert von: Vom schönen Schein der Demokratie. München 2000

Becker, Felix (Hg.): Kleine Geschichte der CDU. Stuttgart 1995

Bösch, Frank: Macht und Machtverlust. Die Geschichte der CDU. Stuttgart/München 2002

Boysen, Jacqueline: Angela Merkel. Eine deutsch-deutsche Biographie. München 2001

Buchstab, Günter (Hg.): Die Protokolle des CDU-Bundesvorstandes. 4 Bde. Düsseldorf 1986-1998

Dettling, Warnfried: Das Erbe Kohls. Bilanz einer Ära. Frankfurt/M. 1994

Dreher, Klaus: Helmut Kohl. Leben mit Macht. Stuttgart 1998

Dürr, T./Soldt, R.: Die CDU nach Kohl. Frankfurt/M. 1998

Geißler, Heiner: Gefährlicher Sieg. Die Bundestagswahl 1994 und ihre Folgen. Köln 1995

Grabow, Karsten: Abschied von der Massenpartei. Die Entwicklung der Organisationsstruktur von SPD und CDU seit der deutschen Wiedervereinigung. Wiesbaden 2000

Grotz, Klaus-Peter: Die Junge Union. Struktur-Funktion-Entwicklung der Jugendorganisation von CDU und CSU seit 1969. Kehl am Rhein 1983

Hintze, Peter (Hg.): Die CDU-Parteiprogramme. Eine Dokumentation der Ziele und Aufgaben. Bonn 1995

Köhler, Henning: Adenauer. Eine politische Biographie. Berlin 1994

Kohl, Helmut: Mein Tagebuch 1998 – 2000. München 2000

Langguth, Gerd: Das Innenleben der Macht. Krise und Zukunft der CDU. Berlin 2001

Leyendecker, H./Prantl, H./Stiller, M.: Helmut Kohl, die Macht und das Geld. Göttingen 2000

Nonnenmacher, Günther (Hg.): Die gespendete Macht. Parteiendemokratie in der Krise. Berlin 2000

Pflüger, Friedbert: Ehrenwort. Das System Kohl und der Neubeginn. Stuttgart/München 2000

Pruys, Karl Hugo: Helmut Kohl. Die Biographie. Berlin 1995

Reichart-Dreyer, Irmgard: Macht und Demokratie in der CDU. Dargestellt am Prozess der Meinungsbildung zum Grundsatzprogramm 1994. Wiesbaden 2000

Reitz, Ulrich: Wolfgang Schäuble. Die Biographie, Bergisch-Gladbach 1996

Schäuble, Wolfgang: Mitten im Leben. München 2000

Stock, Wolfgang: Angela Merkel. Eine politische Biographie. München 2000

Stützle, Peter: Auf den Spuren der CDU. Parteigeschichte aus der Sicht von Zeitzeugen. Bonn 1995

Süssmuth, Rita: Wer nicht kämpft, hat schon verloren. Meine Erfahrungen in der Politik. München 2000

Walter, Franz/Dürr, Tobias: Die Heimatlosigkeit der Macht. Wie die Politik in Deutschland ihren Boden verlor. Berlin 2000

Namensregister